KB261176

폴란드인을 위한
Język koreański dla Polaków,
część 1
한국어
1

집필진

장소원　　서울대학교 국어국문학과 교수

김성규　　서울대학교 국어국문학과 교수

전영철　　서울대학교 국어국문학과 교수

Anna Paradowska　바르샤바대학교 한국학과 교수

Christoph Janasiak　바르샤바대학교 한국학과 교수

남수경　　서울대학교 인문학연구원 연구원

채숙희　　서울대학교 국어국문학과 강사

자 문
Romuald Huszcza　바르샤바대학교 동아시아언어학과 교수

1쇄 발행 2011년 1월 15일
2쇄 발행 2022년 3월 15일

지은이 장소원 · 김성규 · 전영철 · A.I. Paradowska · C. Janasiak · 남수경 · 채숙희
펴낸이 박찬익
펴낸곳 ㈜박이정 **주소** 경기도 하남시 조정대로45 미사센텀비즈 8층 F827호
전화 031)792-1193, 1195 **팩스** 02)928-4683 **홈페이지** www.pijbook.com
이메일 pijbook@naver.com **등록** 2014년 8월 22일 제2020-000029호
제작처 부건애드

ISBN 978-89-6292-161-8(13710)

* 책값은 뒤표지에 있습니다.

This work was supported by the Academy of Korean Studies Grant funded
by the Korean Government(AKS-2009-LB-2001)

장소원 · 김성규 · 전영철 · A. I. Paradowska · C. J. Janasiak · 남수경 · 채숙희

도서
출판 박이정

머리말

한국이 경제적으로 성장하고 문화와 예술이 발전하면서 세계적으로 한국어를 배우려는 열기가 뜨겁다. 외국어로서의 한국어 교육의 역사도 50년이 넘어가면서 큰 변화를 겪고 있고 그 중심에 교재가 자리하고 있다. 범용 교재의 한계를 넘어 언어권별 교재나 특수 목적 교재, 현지 특화 교재 등이 편찬되고 있는 것이다.

서울대학교 한국어문학연구소는 2009년 한국학중앙연구원이 '문화한국'의 이미지 제고와 한국학의 정체성 확보에 기여할 목적으로 공모한 한국학진흥사업에 〈폴란드 한국학 전공 학부, 대학원생용 교육과정 및 교육자료 개발〉이라는 제목의 연구 과제를 응모하여 선정되었다. 이는 글로벌 한국학 교육과정 및 교육자료 개발 사업의 일환으로 서울대학교 한국어문학연구소가 폴란드의 바르샤바대학 한국학과와 협정을 맺고 폴란드에서의 한국학 교육을 육성하여 세계와 소통하는 한국학을 정립하는 데 일조하는 것을 목적으로 하고 있다.

3년에 걸쳐 시행되는 이 연구 사업을 위하여 전체 연구진은 『폴란드인을 위한 한국어 회화 교재』팀과 『폴란드인을 위한 한국학 강독교재』팀으로 나뉘었다. 폴란드 바르샤바대학 학부과목인 〈실용 한국어〉와 석사과목인 〈Korean Text Reading〉의 교육과정을 개발, 제안하며 각각의 교재로 활용될 『폴란드인을 위한 한국어』 1, 2, 3 권과 『폴란드인을 위한 한국학(가제)』 1권, 이들 각각에 대한 교사용 지침서를 개발할 것을 목표로 설정한 것이다.

이제 1년여의 연구와 집필 기간을 거쳐 가장 먼저 『폴란드인을 위한 한국어』 첫째 권을 출판하게 되었다. 이를 위해 한국인 회화 교재 집필진은 폴란드를 두 차례 방문하였으며, 폴란드인 집필자인 바르샤바대학의 Anna Paradowska 교수와 Christoph Janasiak 교수 그리고 자문을 맡은 Romuald Huszcza 교수는 수시로 한국을 방문하여 계획부터 집필, 번역, 감수까지 긴밀한 협동 작업을 수행하였다. 이 책에 이어서 『폴란드인을 위한 한국어』 2권과 3권이 출판될 예정인데, 각 권마다 생생한 표준 한국어 발음이 녹음된 CD가 첨부되고 교사용 지침서가 별도로 개발될 예정이다. 이로써 폴란드의 대학 한국학과는 물론이며 어떠한 기관의 한국어 강좌에서도 편리하고 효율적인 한국어 학습이 가능할 것으로 믿는다.

한국과 멀게만 느껴지던 폴란드에 폴란드인만을 위한 맞춤형 교재가 개발될 수 있었던 것은 전적으로 한국학중앙연구원의 한국학진흥사업 덕분이다. 앞으로도 각 언어권별, 국가별로 다양한 한국어 회화 교재가 출판될 수 있기를 기대하면서 전혀 수익을 예상할 수 없는 상황임에도 불구하고 기꺼이 이 책의 출판을 수락해주신 박이정의 박찬익 사장님과 편집부 분들께 감사의 마음을 표한다.

2011년 1월
『폴란드인을 위한 한국어1』 저자 일동

Przedmowa „Język koreański dla Polaków, część 1"

Dynamiczny rozwój gospodarki Republiki Korei, większa znajomość jej kultury i sztuki wpłynęły na znaczny wzrost liczby chętnych do nauki języka koreańskiego. Nauczanie języka koreańskiego jako języka obcego ma już pięćdziesięcioletnią tradycję, a w centrum zainteresowania tej dyscypliny znajdują się podręczniki do nauki języka. Ostatnio opracowuje się podręczniki przeznaczone wyłącznie dla użytkowników danego języka lub w celu kształcenia określonych umiejętności. Pozwala to pozbyć się ograniczeń, jakie narzucały podręczniki przeznaczone dla wszystkich uczących się koreańskiego, niezależnie od wyznaczonych przez nich celów.

Instytut Języka i Literatury Koreańskiej w Państwowym Uniwersytecie Seulskim podjął się trudnego zadania, którym jest opracowanie - w ramach projektu „Koreanistyka Światowa" Akademii Studiów Koreanistycznych - programu nauki języka koreańskiego i materiałów dydaktycznych, przeznaczonych dla studentów koreanistyki studiów I oraz II stopnia w Polsce. W ramach tego projektu, Instytut Języka i Literatury Koreańskiej we współpracy z Sekcją Koreanistyki Zakładu Japonistyki i Koreanistyki Wydziału Orientalistycznego Uniwersytetu Warszawskiego rozpoczął opracowanie i wydanie podręczników, dzięki którym zostanie zrealizowane założenie projektu, a mianowicie promowanie studiów koreanistycznych w Polsce.

Podczas pierwszych 3 lat trwania projektu jego uczestnicy pracowali w dwóch grupach, w których pierwsza zajmuje się opracowaniem trzyczęściowego „Podręcznika do języka koreańskiego dla Polaków" przeznaczonego dla studentów studiów licencjackich, druga zaś koncentruje się na zredagowaniu podręcznika do przedmiotu „Teksty źródłowe" („Zagadnienia koreanistyczne dla Polaków") przeznaczonego dla studentów studiów magisterskich.

Po roku przygotowań, w czasie których koreańscy autorzy dwukrotnie odwiedzili Polskę, a autorzy polscy: dr Anna Paradowska, dr Christoph Janasiak, a także konsultant prof. dr hab. Romuald Huszcza, osobiście konsultowali treści podręczników w Seulu, oddajemy do rąk Czytelników pierwszą część podręcznika „Język koreański dla Polaków". Dwustronne konsultacje dotyczyły treści podręczników, sposobu ujęcia danych zagadnień gramatycznych a także obejmowały korektę tekstów. Do każdej części podręcznika bedzię dołączona płyta CD z nagraniami lektorów, posługujących się standardową koreańszczyzną, obowiązującą w Republice Korei. Każda część podręcznika będzie ponadto uzupełniona o instrukcje dla prowadzących zajęcia.

Autorzy mają nadzieję, że podręczniki te będą wykorzystywane zarówno podczas zajęć uniwersyteckich jak i w ośrodkach prowadzących kursy języka koreańskiego.

Projekt wspierania koreanistyki przez Akademię Studiów Koreanistycznych umożliwia opracowanie serii podręczników przeznaczonych dla polskiego odbiorcy i pozwoli przybliżyć te dwa geograficznie jakże odległe od siebie kraje.

Autorzy składają serdeczne podziękowania Panu Chan-ikowi Parkowi, Dyrektorowi Wydawnictwa *Pakijeong*, oraz osobom odpowiedzialnym za stronę techniczną publikacji.

Styczeń 2011

Autorzy podręcznika „Język koreański dla Polaków, część 1"

차례

교재 구성표 Spis treści

Lekcja	Tytuł	Sytuacje	Funkcje	Gramatyka i wyrażenia	Słownictwo
1	안녕하십니까?	자기소개 (przedstawianie się) 학교 안내 (oprowadzanie po szkole)	인사하기 (witanie się) 자기소개하기 (przedstawianie się) 장소에 대해 묻고 답하기 (identyfikacja miejsc i budynków) 사물에 대해 묻고 답하기 (identyfikacja przedmiotów)	· 저 · N은/는 · N-입니다 · N-입니까? · 네/아니요 · 씨 · N도 · N이/가 아닙니다 · 여기/거기/저기 · 어디 · 이것/그것/저것 · 무엇	인사말 (powitania) 직업 (nazwy zawodów) 국적 (nazwy narodowości) 장소 (nazwy miejsc) 사물 (nazwy obiektów)
2	여기는 어디입니까?	장소 설명 (identyfikacja miejsc i budynków) 자기소개 (przedstawianie się) 일상생활 (życie codzienne)	장소에 대해 묻고 답하기 (identyfikacja miejsc i budynków) 일상생활에 대해 이야기하기 (rozmowa o życiu codziennym) 좋아하는 것에 대해 이야기하기 (rozmowa o tym, co kto lubi)	· V/A-습니다/ㅂ니다 · V/A-습니까/ㅂ니까? · N에 가다/오다 · V/A-지 않습니다 · N을/를 · 이/그/저 N · N1의 N2 · N에서 · 누구 · 나 · 내 N	언어 (nazwy języków) 기본 동사 (czasowniki podstawowe) 기본 형용사 (przymiotniki podstawowe) 장소 (nazwy budynków i miejsc)
3	이번 주말에 무엇을 합니까?	일상생활 (życie codzienne) 계획 (plan tygodnia) 계절과 날씨 (pory roku i pogoda)	날씨 묘사하기 (opisywanie pogody) 요일 묻고 답하기 (pytania o dni tygodnia) 계획에 대해 묻고 답하기 (pytania o plan tygodnia)	· N이/가 · N1와/과 N2 · 무슨 N · 요일 · N에 · 안 V/A · Z1-고 Z2	날씨 (określenia pogody) 요일 (nazwy dni tygodnia) 계절 (nazwy pór roku)
4	오늘 뭐 해요?	위치와 장소 (lokalizacja) 학교 건물 (opis szkoły) 기숙사 생활 (życie w akademiku)	위치 설명하기 (określanie lokalizacji) 출신지 묻고 답하기 (pytania o miejsce urodzenia) 일상생활에 대해 이야기하기 (rozmowa o życiu codziennym)	· V/A-아요/어요 · N에 있다/ 없다 · N-앞(뒤/위/아래(밑), 옆…) · 우리 N · N-이에요/예요 · 'ㅂ' 불규칙 · N에서 · V/A-았/었- · 언제 · 어때요? · Z1-지만 Z2 · N들 · N와/과 (같이)	위치 (słownictwo związane z określaniem lokalizacji) 시설 (nazwy obiektów znajdujących się w klasie, szkole)

Lekcja	Tytuł	Sytuacje	Funkcje	Gramatyka i wyrażenia	Słownictwo
5	콜라 한 잔 주세요	음식 주문 (składanie zamówienia w restauracji) 폴란드의 음식 문화 (polskie potrawy) 쇼핑(zakupy)	음식 주문하기 (składanie zamówienia w restauracji) 제안하기 (proponowanie) 물건 사기 (zakupy) 가격 묻고 답하기 (pytania o cenę)	· V-(으)세요/(으)십시오 · 하나/둘/셋 · 한/두/세 N · 개/병/잔/명(분)/권/장 · 몇 N · N(으)로 · N1하고 N2 · V-(으)ㄹ까요? · V-(으)ㅂ시다 · 'ㄹ' 탈락 · 일/이/삼 · 얼마 · N에 · V-지 말다	음식 (nazwy potraw) 수, 단위명사 (liczebniki, klasyfikatory przyliczebnikowe) 과일 (nazwy owoców)
6	대학교를 졸업하면 한국에 갈 거예요	자기소개 (przedstawianie się) 진로와 전공 (plany na przyszłość, kierunek studiów) 친구(przyjaciel)	자기소개하기 (przedstawianie się) 계획에 대해 묻고 답하기 (pytania o plan tygodnia) 희망 표현하기 (wyrażanie pragnień, życzeń)	· 8월 15일 · V-(으)ㄹ 것입니다 · V-고 싶다 · Z1-(으)면 Z2 · V-(으)ㄹ 거예요 · N-(이)지요? · 그래요? · Z1-아서/어서 Z2	날짜 (data) 전공 (specjalizacja, kierunek studiów)
7	몇 시에 만날까요?	약속 (spotkanie) 일상생활 (życie codzienne) 교통수단 (środki transportu)	약속하기 (umawianie się na spotkanie) 시간 말하기(określanie czasu) 의무 표현하기(wyrażanie konieczności, obowiązku) 감정 표현하기(opisywanie nastroju, samopoczucia) 제안하기(proponowanie) 교통편에 대해 묻고 답하기 (pytania o środki transportu)	· '으' 탈락 · V-아야/어야 되다, V-아야/어야 하다 · 두 시 삼십 분 · V/A-지요? · 어떻게 · N1에서 N2까지 · N이/가 걸리다	시간 (słownictwo związane z określaniem czasu) 감정 (słownictwo związane z opisywaniem nastroju, samopoczucia) 교통수단 (środki transportu)
8	우리 가족은 모두 다섯 명이에요	가족 (rodzina) 고향 (miejsce urodzenia, strony rodzinne)	가족 소개하기 (opisywanie członków rodziny) 약속하기 (umawianie się) 빈도 표현하기 (wyrażanie częstotliwości czynności)	· V-아요/어요 · 이분/저분/그분 · V/A-(으)시- · V-아요/어요 · Z1-아서/어서 Z2 · 못 V · N한테 · 일주일에 한 번	가족 (nazewnictwo członków rodziny) 직업 (nazwy zawodów)

Spis treści

Lekcja	Tytuł	Sytuacje	Funkcje	Gramatyka i wyrażenia	Słownictwo
13	다른 약속이 없으니까 같이 갑시다	점심식사 (obiad) 폴란드 친구 (przyjaciel z Polski)	제안하기 (proponowanie) 친구들에 대해 설명하기 (rozmowa o kolegach)	· 아직 · 안 V/A · Z1-(으)니까 Z2 · N에게/께 · N께서	학습 관련 표현 (wyrażenia związane z uczeniem się) 영화 (słownictwo związane z kinematografią)
14	폴란드에서 잘 지내고 있어요	폴란드 음식 (kuchnia polska) 선물 (upominki, prezenty) 병과 증상 (choroby i ich objawy) 편지 (list)	음식과 맛에 대해 묻고 답하기 (pytania o potrawy i smaki) 증상 설명하기 (opisywanie objawów chorób) 편지 쓰기 (pisanie listu)	· V-(으)ㄴ N · 잘 V · 잘 못 V · V-게 되다 · A-아지다/어지다 · Z-(으)면 좋겠다 · V-아/어 드리다	음식 (nazwy potraw) 맛 (nazwy smaków) 선물 (upominki, prezenty) 증상 (słownictwo wyrażające objawy chorobowe)
15	우리 같이 차를 마실까요?	새 친구 (nowy kolega) 전화 통화 (rozmowa telefoniczna) 감기 (przeziębienie) 민간요법 (domowe sposoby leczenia)	제안하기 (proponowanie) 인물 묘사하기 (opisywanie postaci) 전화 통화 (rozmowa telefoniczna) 추측하기 (wyrażanie przypuszczeń) 증상 설명하기 (opisywanie objawów chorób)	· N-(이)라고 하다 · V-(으)ㄹ 줄 알다/모르다 · N-인 것 같다 · V-는 것 같다 · A-(으)ㄴ 것 같다 · N1이/가 N2에/에게 좋다	건강,질병 (słownictwo związane ze stanem zdrowia) 전화관련 표현 (wyrażenia związane z telefonowaniem)

한글
Hangeul

한글(1)

◎ 다음 글자를 쓰세요. Napisz następujące litery.

◎ 다음 단어를 읽고 써 보세요. Przeczytaj i napisz następujące słowa.

아	이	오	이	우	유	여	우

한글(2)

◎ 아래의 자음과 모음을 결합해서 글자를 만드세요. Połącz spółgłoski z samogłoskami.

모음 자음	ㅏ	ㅑ	ㅓ	ㅕ	ㅗ	ㅛ	ㅜ	ㅠ	ㅡ	ㅣ
ㄱ			거					규		
ㄴ						뇨	누			
ㄷ		댜		뎌						
ㄹ					로				르	
ㅁ									므	
ㅂ			버					뷰		
ㅅ					소					시
ㅇ	아			여						
ㅈ		쟈					주			
ㅎ						효				히

가루	나라	도로	미소	다리미

부모	야구	여자	지도	주머니

유리	오후	요가	하나	드라마

한글(3)

◎ 다음 단어를 읽고 써 보세요. Przeczytaj i napisz następujące słowa.

꼬리	토끼	뿌리	우표	허리띠

가짜	버찌	쓰다	기초	아저씨

파리	차이	크다	스키	토마토

한글(4)

◎ 다음 단어를 읽고 써 보세요. Przeczytaj i napisz następujące słowa.

세	계

가	재

애

제	주	도

과	제

궤	도

왜

수	세	미

회	의

추	위

뒤

더	워	요

한글(5)

◎ 다음 단어를 읽고 써 보세요. Przeczytaj i napisz następujące słowa.

| 저 녁 | 낚 시 | 논 문 | 빗 다 | 자 동 차 |

| 돛 대 | 바 깥 | 교 실 | 딸 기 | 숟 가 락 |

| 김 치 | 일 곱 | 무 릎 | 병 원 | 컴 퓨 터 |

1과

안녕하십니까?

- 자기소개 (przedstawianie się)
- 학교 안내 (oprowadzanie po szkole)

본문 I

track 01

안녕하십니까?

저는 미하우입니다.

폴란드 사람입니다.

학생입니다.

만나서 반갑습니다.

미하우	안녕하세요? 저는 미하우입니다.
김진수	안녕하세요? 저는 김진수입니다. 미하우 씨는 학생입니까?
미하우	네, 학생입니다. 김진수 씨도 학생입니까?
김진수	네, 저도 학생입니다.

어휘와 표현
Słownictwo i wyrażenia

안녕하십니까? dzień dobry

저 ja

이다 być KIM, CZYM

폴란드 Polska

사람 człowiek

학생 uczeń, uczennica

만나서 반갑습니다 miło mi poznać

안녕하세요? dzień dobry

씨 pan/pani

네 tak

도 też

문법 I
Gramatyka I

1 저 'ja'

Formalnie grzeczny zaimek pierwszej osoby liczby pojedynczej ('ja') używany wobec osoby spotykanej po raz pierwszy, starszej wiekiem od nadawcy bądź osoby wyższej w hierarchii towarzyskiej lub społecznej.

2 N은/는 'jeśli chodzi o N to …', 'co do N to …', 'N to …'

'-은/는' jest porzeczownikowym wykładnikiem tematu zdania ('jeśli chodzi o N to …', 'co do N to …', 'N to …').

Gdy rzeczownik kończy się na spółgłoskę: N + 은

Gdy rzeczownik kończy się na samogłoskę: N + 는

· 학생은   · 저는   · 학교는

3 N-입니다 'być KIM/CZYM'

Porzeczownikowa spójka '-입니다' ('KTO/CO jest KIM/CZYM'), czyli łącznik, który tworzy orzeczenie imienne, występujący tutaj w postaci honoryfikatywnej formalnie grzecznej.

저는 미하우입니다.

저는 학생입니다.

저는 폴란드 사람입니다.

4 N-입니까? 'Czy KTO / CO jest KIM / CZYM?'

'N-입니까?' to forma pytajna spójki 'N-입니다' (koreańskie finalne '...까' odpowiada polskiemu inicjalnemu 'czy ...') czyli 'Czy KTO/CO jest KIM/CZYM?' lub 'Czy to jest KTO/CO?'.

미하우 씨입니까?*

학생입니까?

폴란드 사람입니까?

진수 씨는 한국 사람입니까?

*김진수 씨(○) / 진수 씨(○) / 김 씨(×)

- Grzecznościowa forma tytularna '- 씨' (pan, pani) to forma dodawana do nazwiska i imienia lub tylko do imienia. Unika się jej użycia z samym nazwiskiem, gdyż wówczas nabiera negatywnego wydźwięku.
  Zwyczajowo można ją stosować do odbiorcy nieodbiegającego wiekiem ani pozycją społeczną od nadawcy, bądź do osób nieco młodszych lub niżej usytuowanych w hierarchii.
- Nazwiska i imiona połączone z '- 씨' używane są zarówno w funkcji wołacza jak i w funkcji zaimka II osoby liczby pojedynczej.
- W języku koreańskim najpierw występuje nazwisko (zazwyczaj jednosylabowe, np. 김, 이, 박, 최, 강), a następnie imię (zazwyczaj dwusylabowe).

5 네/아니요 'tak', 'nie'

Równoważnikiem twierdzącej odpowiedzi na pytanie jest nieodmienna forma '네', natomiast równoważnikiem odpowiedzi przeczącej jest forma '아니요'.

김진수 씨입니까?	선생님입니까?
김진수 네.	선생님 네.
미하우 아니요.	학생 아니요.

6 N도 'też'

Porzeczownikowa końcówka gramatyczna '-도' jako odpowiednik polskiego 'też, również, także' jest używana w połączeniu z rzeczownikami lub rzeczownymi zaimkami wskazującymi.

저는 선생님입니다. 표트르 씨도 선생님입니까?

미하우 씨는 폴란드 사람입니다. 에밀리아 씨도 폴란드 사람입니다.

7 N이/가 아닙니다 'nie być KIM / CZYM'

'N이/가 아닙니다' ('nie być KIM/CZYM') jest leksykalną przeczącą postacią spójki 'N-입니다' 'być KIM/CZYM'), a nie fleksyjną formą jej negacji. Pełni w zdaniu funkcję analogiczną do '입니다', czyli tworzy orzeczenie imienne, ale, w przeciwieństwie do '입니다', '아닙니다' wymaga rzeczownika w mianowniku, czyli występuje zawsze po wykładniku mianownika '이' lub '가'.

Gdy rzeczownik kończy się na spółgłoskę: N + 이

Gdy rzeczownik kończy się na samogłoskę: N + 가

· 학생 + 이　　→　　학생이

· 강의실 + 이　→　강의실이

· 학교 + 가　　→　　학교가

표트르 씨는 학생이 아닙니다.

저는 파베우가 아닙니다.

어휘와 표현
Słownictwo
i wyrażenia

한국 Korea	강의실 sala wykładowa
아니요 nie	학교 szkoła
선생님 nauczyciel, nauczycielka	아니다 nie być KIM, CZYM

연습 I
Ćwiczenia I

1 〈보기〉에서 맞는 것을 골라 쓰세요. Uzupełnij odpowiednią końcówką.

> 보기　　　　　　　는 / 은

(1) 저(　　) 폴란드 사람입니다.

(2) 마렉(　　) 회사원입니다.

(3) 진수 씨(　　) 한국 사람입니다.

(4) 파베우(　　) 학생입니다.

2 〈보기〉와 같이 문장을 완성하세요. Dokończ zdania według wzoru.

> 보기　　　　저는 <u>미하우입니다.</u> (미하우)

(1) 저는 _______________________. (마르타)

(2) 저는 _______________________. (마렉)

(3) 저는 _______________________. (표트르)

(4) 저는 _______________________. (에밀리아)

3 〈보기〉와 같이 문장을 완성하세요. Utwórz zdania według wzoru.

> 보기　<u>미하우는 폴란드 사람입니다.</u> (미하우, 폴란드)

(1) _______________________. (마이클, 미국)

(2) _______________________. (한스, 독일)

(3) _______________________. (마리, 프랑스)

(4) _______________________. (메이, 중국)

4 〈보기〉와 같이 대화를 완성하세요. Dokończ dialogi według wzoru.

> **보기**
>
> A 마렉 씨는 <u>회사원입니까</u>?
>
> B 네, 회사원입니다.

(1) A 마르타 씨는 ___________________?

    B 네, 은행원입니다.

(2) A 미하우 씨는 ___________________?

    B 네, 학생입니다.

(3) A 요안나 씨는 ___________________?

    B 네, 의사입니다.

(4) A 표트르 씨는 ___________________?

    B 네, 선생님입니다.

5 〈보기〉와 같이 대화를 완성하세요. Dokończ dialogi według wzoru.

> A 학생입니까?   A 선생님입니까?
>
> B <u>네</u>, 학생입니다.   B <u>아니요</u>, 회사원입니다.

(1) A 의사입니까?

    B ________, 선생님입니다.

(2) A 은행원입니까?

    B ________, 은행원입니다.

(3) A 회사원입니까?

    B ________, 회사원입니다.

(4) A 기자입니까?

    B ________, 간호사입니다.

6 〈보기〉와 같이 문장을 완성하세요. Dokończ zdania według wzoru.

보기

저는 독일 사람입니다.

한스 씨도 독일 사람입니다. (한스 씨)

(1) 저는 학생입니다.

　　__________ 학생입니다. (김진수 씨)

(2) 저는 폴란드 사람입니다.

　　__________ 폴란드 사람입니다. (표트르 씨)

(3) 저는 회사원입니다.

　　__________ 회사원입니다. (마렉 씨)

(4) 저는 의사입니다.

　　__________ 의사입니다. (요안나 씨)

어휘와 표현
Słownictwo
i wyrażenia

회사원 pracownik firmy　　　　은행원 pracownik banku

미국 Stany Zjednoczone Ameryki　　의사 lekarz

독일 Niemcy　　　　　　　　기자 reporter

프랑스 Francja　　　　　　　간호사 pielęgniarka

중국 Chiny

본문 II

김진수	안녕하세요? 저는 김진수입니다.
에밀리아	안녕하세요, 김진수 씨? 저는 에밀리아입니다.
김진수	에밀리아 씨는 미국 사람입니까?
에밀리아	아니요, 저는 미국 사람이 아닙니다. 폴란드 사람입니다.

track 02

김진수	여기는 강의실입니까?
미하우	네, 여기는 강의실입니다.
김진수	그럼 저기는 어디입니까?
미하우	식당입니다.
김진수	여기도 식당입니까?
미하우	아니요, 식당이 아닙니다. 매점입니다.

* * *

김진수	이것은 무엇입니까?
미하우	그것은 '주렉'입니다.
김진수	저것은 무엇입니까?
미하우	'피에로기'입니다.

어휘와 표현
Słownictwo i wyrażenia

여기	tu	이것	to
저기	tam dalej	무엇	co
식당	stołówka, restauracja	그것	tamto
그럼	wobec tego, zatem	주렉	żurek
어디	gdzie	저것	tamto
매점	sklep	피에로기	pierogi

문법 II
Gramatyka II

1 여기/거기/저기 tu, tam, tam dalej

여기: '여기' to wskazujący zaimek rzeczowny miejsca, wskazuje miejsce, w którym znajduje się nadawca (miejsce w sferze nadawcy, a poza sferą adresata) czyli 'tu', 'tu przy mnie', 'tu, gdzie jestem ja', 'tutaj', 'to miejsce'.

거기: '거기' to zaimek rzeczowny miejsca, wskazuje miejsce bliższe adresatowi, a odległe od nadawcy (miejsce w strefie adresata) czyli 'tu, gdzie jest Pan/jesteś ty'; 'tam'.

저기: '저기' to zaimek rzeczowny miejsca, wskazuje na miejsce bardziej oddalone zarówno od nadawcy jak i adresata (usytuowane poza ich sferami) czyli 'tam, dalej od nas'; 'tam poza nami'.

여기는 강의실입니다.

여기는 식당입니다.

거기는 폴란드입니까?

거기는 학교입니다.

저기는 도서관입니다.

저기는 사무실입니까?

2 어디   'gdzie'

Rzeczowny zaimek pytajny '어디' ('gdzie') jest używany zarówno w pytaniach o nazwę (także własną) miejsca (jako odpowiednik polskiego 'co' w pytaniach o miejsce, np. Co to jest? To jest szkoła), jak i w pytaniach o lokalizację obiektu lub działania (np. 'gdzie KTO/CO jest (przebywa, znajduje się)', 'gdzie KTO/CO robi').

A 여기는 어디입니까? | A 저기는 어디입니까?
B (여기는) 도서관입니다. | B (저기는) 식당입니다.

3 이것/그것/저것   'ta rzecz', 'tamta rzecz'

이것: '이것' ('ta rzecz', 'ten obiekt', 'to') to wskazujący zaimek rzeczowny obiektu, pełni funkcję polskiego 'to' i wskazuje przedmioty bliżej nadawcy (w sferze nadawcy). Składa się z właściwego zaimka wskazującego '이' oraz z rzeczownika defektywnego (niesamodzielnego) '-것'.

그것: '그것' to wskazujący zaimek rzeczowny obiektu, pełni funkcję polskiego 'to' lub 'tamto' i wskazuje przedmioty, rzeczy znajdujące się dalej od nadawcy, a bliżej adresata (w strefie adresata). Składa się z właściwego zaimka wskazującego '그' oraz rzeczownika defektywnego (niesamodzielnego) '-것'.

저것: '저것' ('tamta rzecz', 'tamto') to wskazujący zaimek rzeczowny obiektu, pełni funkcję polskiego 'tamto' i wskazuje rzeczy znajdujące się daleko zarówno od nadawcy jak i adresata. Składa się z zaimka wskazującego '저' oraz rzeczownika defektywnego (niesamodzielnego) '-것'.

이것은 빵입니다.

그것은 햄버거입니다.

저것은 우유입니다.

이것은 컵입니다.

그것은 숟가락입니다.

저것은 접시입니다.

4 무엇 'co'

Rzeczowny zaimek pytajny '무엇' ('co') używany w pytaniach o nazwę przedmiotu lub czynności (identyfikacja czynności).

A 이것은 무엇입니까?
B 우유입니다.

A 저것은 무엇입니까?
B 컵입니다.

A 그것은 무엇입니까?
B 햄버거입니다.

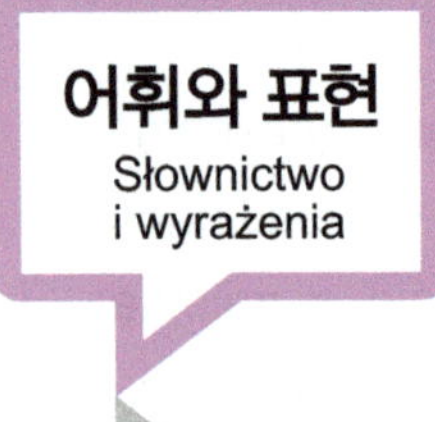

어휘와 표현
Słownictwo i wyrażenia

거기 tam	우유 mleko
도서관 biblioteka	컵 kubek, szklanka
사무실 biuro	숟가락 łyżka
빵 chleb	접시 talerz
햄버거 hamburger	

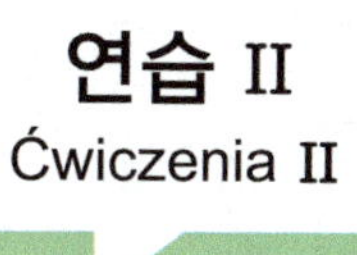

연습 II
Ćwiczenia II

1 〈보기〉에서 맞는 것을 골라 쓰세요. Uzupełnij odpowiednią końcówką.

보기　　　　　　　　　　　이 / 가

(1) 저는 미국 사람(　　) 아닙니다.

(2) 요안나 씨는 회사원(　　) 아닙니다.

(3) 진수 씨는 의사(　　) 아닙니다.

(4) 파베우 씨는 선생님(　　) 아닙니다.

2 〈보기〉와 같이 대화를 완성하세요. Dokończ dialogi według wzoru.

보기　　A 미하우 씨는 의사입니까?

　　　　B 아니요, 미하우 씨는 의사가 아닙니다.

(1) A　진수 씨는 회사원입니까?

　　 B　아니요, ＿＿＿＿＿＿＿＿＿＿＿＿＿＿.

(2) A　마이클 씨는 선생님입니까?

　　 B　아니요, ＿＿＿＿＿＿＿＿＿＿＿＿＿＿.

(3) A　한스 씨는 은행원입니까?

　　 B　아니요, ＿＿＿＿＿＿＿＿＿＿＿＿＿＿.

(4) A　마리 씨는 간호사입니까?

　　 B　아니요, ＿＿＿＿＿＿＿＿＿＿＿＿＿＿.

3 〈보기〉와 같이 대화를 만드세요.   Utwórz dialogi według wzoru.

보기

A <u>여기는 어디입니까?</u>

B <u>식당입니다.</u>

식당

---

(1) A _______________________?

B _______________.

우체국

(2) A _______________________?

B _______________.

극장

(3) A _______________________?

B _______________.

도서관

(4) A _______________________?

B _______________.

병원

---

4 〈보기〉와 같이 대화를 만드세요.   Utwórz dialogi według wzoru.

보기

A <u>이것은 무엇입니까?</u>

B <u>책입니다.</u>

책

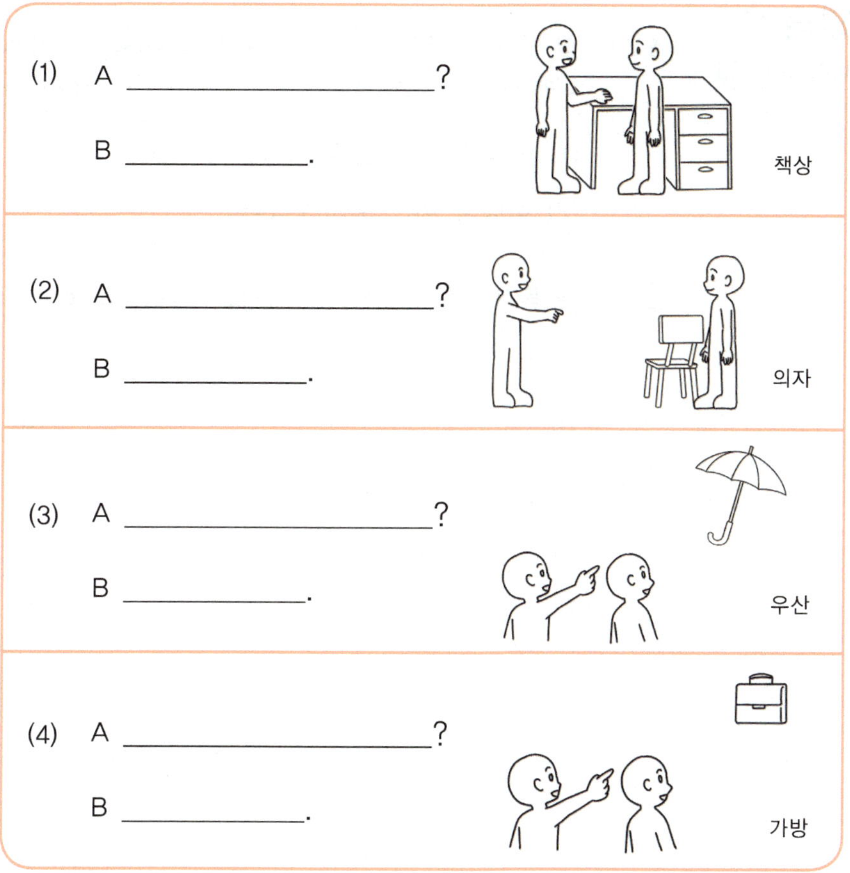

5 질문에 맞는 답을 연결하세요. Połącz pytania i odpowiedzi.

(1) 저것은 무엇입니까? ·

· (a) 네, 학생입니다.

(2) 거기는 어디입니까? ·

· (b) 도서관입니다.

(3) 이것은 책입니까? ·

· (c) 저것은 컵입니다.

(4) 진수 씨도 학생입니까? ·

· (d) 아니요, 책이 아닙니다.

어휘와 표현

Słownictwo
i wyrażenia

우체국 poczta	책상 biurko
극장 kino, teatr	의자 krzesło
병원 szpital	우산 parasol
책 książka	가방 torba

연습 Ⅲ
Ćwiczenia Ⅲ

 track 03

1 잘 듣고 맞으면 O, 틀리면 X 하세요. Wysłuchaj dialogu. Oznacz symbolem „O" zdania zgodne z treścią dialogu, symbolem „X" – zdania nieprawdziwe.

(1) 이나영 씨는 한국 사람입니다. (　　　)

(2) 이나영 씨는 회사원입니다. (　　　)

2 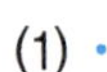 잘 듣고 맞는 그림을 연결하세요. Wysłuchaj zdań i odpowiednio połącz.

(1) ·

· (a)

(2) ·

· (b)

(3) ·

· (c)

(4) ·

· (d)

3 친구와 같이 한국말로 인사하고 자기소개를 해 보세요.
Przywitaj się i przedstaw po koreańsku.

어휘와 표현
Słownictwo i wyrażenia

4 친구와 같이 교실에 있는 물건의 이름을 써 보고 '이것', '저것', '그것'을 사용해서 질문하고 대답해 보세요. Napisz nazwy przedmiotów znajdujących się w klasie oraz zadaj pytania używając zaimków rzeczownych '이것', '저것', '그것'.

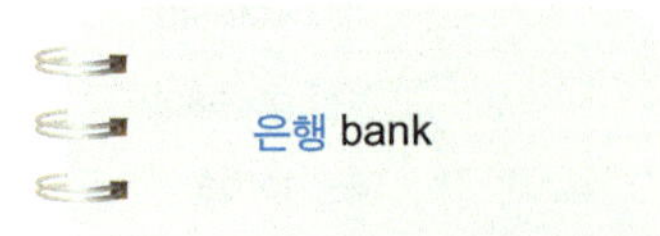

2과 여기는 어디입니까?

- 장소 설명 (identyfikacja miejsc i budynków)

- 자기소개 (przedstawianie się)

- 일상생활 (życie codzienne)

본문 I

미하우 김진수 씨!

김진수 아! 미하우 씨. 안녕하세요?

미하우 안녕하세요? 어디에 갑니까?

김진수 학교에 갑니다. 미하우 씨도 학교에 갑니까?

미하우 아니요, 저는 학교에 가지 않습니다.
공원에 갑니다.

저는 김진수입니다.

한국 사람입니다.

폴란드어를 공부합니다.

저는 오늘 폴란드 친구를 만납니다.

그 친구의 이름은 미하우입니다.

미하우는 한국어를 공부합니다.

우리는 같이 공부합니다.

어휘와 표현
Słownictwo i wyrażenia

아 a (wykrzyknik)

가다 iść

공원 park

폴란드어 język polski

공부하다 studiować, uczyć się

오늘 dzisiaj

친구 przyjaciel, kolega

만나다 spotykać (się)

그 ten

이름 imię

한국어 język koreański

우리 my, mój, nasz

같이 razem

1 V/A-습니다/ㅂ니다

Honoryfikatywna formalnie grzeczna końcówka finitywna zdania oznajmującego, która łączy się z tematem czasownika lub przymiotnika. Używana w sytuacjach formalnych lub w stosunku do osoby, do której należy zwracać się z szacunkiem.

1. Komunikuje czynność odbywającą się w chwili mówienia i znaczenie to nie jest sygnalizowane żadną końcówką (zerowy wykładnik czasu teraźniejszego).

2. Komunikuje czynność habitualną, zwyczajową.

3. Komunikuje czynność, która odbędzie się w najbliższej przyszłości.

Gdy temat czasownika lub przymiotnika kończy się na spółgłoskę (z wyjątkiem spółgłoski '⊇'): V/A + -습니다

Gdy temat czasownika lub przymiotnika kończy się na samogłoskę : V/A + -ㅂ니다

✓ '⊇' kończące temat czasownika lub przymiotnika ulega zanikowi przed '-ㅂ니다', a temat bez '⊇' łączy się bezpośrednio z '-ㅂ니다'.

· 먹다 → 먹습니다	· 공부하다 → 공부합니다
· 입다 → 입습니다	· 만들다 → 만듭니다
· 가다 → 갑니다	· 작다 → 작습니다
· 오다 → 옵니다	· 크다 → 큽니다

마렉 씨는 잡니다.

도서관은 큽니다.

식당은 작습니다.

2 V/A-습니까/ㅂ니까?

Honoryfikatywna formalnie grzeczna końcówka finitywna zdania pytajnego, która łączy się z tematem czasownika lub przymiotnika i sygnalizuje pytanie dotyczące działania lub stanu. Używana w sytuacjach formalnych lub w stosunku do osoby, do której należy zwracać się z szacunkiem.

Gdy temat czasownika lub przymiotnika kończy się na spółgłoskę (z wyjątkiem spółgłoski '만'): V/A + -습니까?

Gdy temat czasownika lub przymiotnika kończy się na samogłoskę: V/A + -ㅂ니까?

✓ 'ㄹ' kończące temat czasownika lub przymiotnika ulega zanikowi przed '-ㅂ니까', a temat bez 'ㄹ' łączy się bezpośrednio z '-ㅂ니까'.

· 먹다 → 먹습니까?	· 공부하다 → 공부합니까?
· 입다 → 입습니까?	· 만들다 → 만듭니까?
· 가다 → 갑니까?	· 작다 → 작습니까?
· 오다 → 옵니까?	· 크다 → 큽니까?

마렉 씨는 잡니까?

도서관은 큽니까?

식당은 작습니까?

3 N에 가다/오다 'iść (jechać), przyjść do N'

'N에 가다/오다' to wyrażenie składające się z końcówki gramatycznej '-에' ('do') (wykładnik miejscownika o funkcji okolicznika kierunku) i czasownika ruchu '가다' ('iść, jechać DOKĄD') lub '오다' ('przyjść, przychodzić DOKĄD'). Często używane w konstrukcji 'N1은/는 N2에 갑니다/옵니다'

('KTO DOKĄD idzie/jedzie' lub 'KTO DOKĄD przychodzi/przyjeżdża').
'가다' komunikuje oddalanie się od sfery nadawcy, '오다' zaś przybliżanie
się do tego obszaru.

학교에 갑니다. 　　　　강의실에 갑니까?

미국에 갑니다. 　　　　매점에 갑니까?

식당에 옵니다. 　　　　폴란드에 옵니까?

학교에 옵니다. 　　　　공원에 옵니까?

미하우 씨는 한국에 갑니다. 　　김진수 씨는 폴란드에 옵니다.

4   V/A-지 않습니다   'nie V/A'

Honoryfikatywna formalnie grzeczna konstrukcja analityczna negacji,
tworzona od czasowników lub przymiotników. Występuje w schematach
zdaniowych typu: 'N은/는 V/A-지 않습니다'.

미하우 씨는 공원에 가지 않습니다.

김진수 씨는 폴란드에 오지 않습니다.

강의실은 크지 않습니다.

식당은 작지 않습니다.

5   N을/를

Gramatyczna końcówka rzeczownika '을/를' jest wykładnikiem biernika
i komunikuje w zdaniu dopełnienie bliższe. Używana w konstrukcjach typu
'N1은/는 N2을/를 V-습니다/ㅂ니다'.

Gdy rzeczownik kończy się na spółgłoskę: N + 을

Gdy rzeczownik kończy się na samogłoskę: N + 를

· 주렉 + 을　　→　　주렉을

· 공부 + 를　　→　　공부를

· 폴란드 + 를　　→　　폴란드를

· 한국어 + 를　　→　　한국어를

김진수 씨는 폴란드어를 공부합니다.

미하우 씨는 주렉을 만듭니다.

에밀리아 씨는 불고기를 먹습니다.

6　이 N, 그 N, 저 N　'ten, ta, to, ci, te N', 'tamten, tamta, tamto, tamci, tamte N'

이: '이' to właściwy zaimek, wskazujący obiekt usytuowany bliżej nadawcy, a dalej od adresata (w sferze nadawcy, a poza sferą adresata) – 'ten, ta, to, ci, te N'.

그: '그' to właściwy zaimek, wskazujący obiekt znajdujący się bliżej adresata, ale dalej od nadawcy (miejsce w strefie adresata).

저: '저' to właściwy zaimek, wskazujący obiekt znajdujący się daleko zarówno od adresata jak i nadawcy – 'tamten, tamta, tamto, tamci, tamte N'

이 책은 한국어 책입니다.

그 친구는 미하우입니다.

저 학교는 서울대학교입니다.

7 N1의 N2

Gramatyczna końcówka rzeczownika '의' jest wykładnikiem dopełniacza rzeczownika w funkcji przydawki i komunikuje różne relacje między obiektami (np. własność, przynależność i inne). Końcówka ta często bywa opuszczana.

친구의 이름

선생님의 책

에바 씨의 선생님

친구(의) 이름, 선생님(의) 책, 미하우 씨(의) 선생님

어휘와 표현
Słownictwo
i wyrażenia

먹다 jeść	자다 spać
입다 ubierać się	공부 nauka
오다 przychodzić	불고기 *bulgogi*
만들다 robić, przygotować	이 ten
작다 być małym	저 tamten
크다 być dużym	서울대학교 Uniwersytet Seulski

1 〈보기〉와 같이 하세요. Uzupełnij według wzoru.

보기　　　　가다 → 갑니다
　　　　　　　　　　갑니까?

(1) 자다　→　__________
　　　　　　__________?

(2) 먹다　→　__________
　　　　　　__________?

(3) 읽다　→　__________
　　　　　　__________?

(4) 쉬다　→　__________
　　　　　　__________?

(5) 비싸다　→　__________
　　　　　　__________?

(6) 좋다　→　__________
　　　　　　__________?

2 〈보기〉와 같이 대화를 완성하세요. Dokończ dialogi według wzoru.

보기　　　A 어디에 갑니까?
　　　　　　B 학교에 갑니다. (학교)

(1) A　어디에 갑니까?

　　 B　__________________. (도서관)

(2) A　어디에 갑니까?

　　 B　__________________. (식당)

(3) A　어디에 갑니까?

　　 B　__________________. (은행)

(4) A　어디에 갑니까?

　　 B　__________________. (극장)

3 〈보기〉와 같이 하세요. Uzupełnij według wzoru.

> **보기**　　　　　오다 → <u>오지 않습니다</u>

(1) 만나다 → ＿＿＿＿＿＿＿　　　(2) 입다 → ＿＿＿＿＿＿＿

(3) 쓰다　→ ＿＿＿＿＿＿＿　　　(4) 듣다 → ＿＿＿＿＿＿＿

(5) 크다　→ ＿＿＿＿＿＿＿　　　(6) 작다 → ＿＿＿＿＿＿＿

4 〈보기〉에서 맞는 것을 골라 쓰세요. Uzupełnij odpowiednią końcówką.

> **보기**　　　　　을 / 를

(1) 저는 텔레비전(　　) 봅니다.

(2) 미하우 씨는 친구(　　) 만납니다.

(3) 진수 씨는 우유(　　) 마십니다.

(4) 에밀리아 씨는 책(　　) 읽습니다.

5 〈보기〉와 같이 문장을 만드세요. Utwórz zdania według wzoru.

> **보기**　　　　　노래, 듣다 → <u>노래를 듣습니다.</u>

(1) 한국어, 공부하다 → ＿＿＿＿＿＿＿＿＿＿＿＿.

(2) 주렉, 먹다 → ＿＿＿＿＿＿＿＿＿＿＿.

(3) 옷, 사다 → ＿＿＿＿＿＿＿＿＿＿＿.

(4) 주스, 마시다 → ＿＿＿＿＿＿＿＿＿＿＿.

6 〈보기〉와 같이 문장을 완성하세요. Dokończ zdania według wzoru.

보기 A 집에 갑니까?
B 네, <u>집에 갑니다</u>.

(1) A 책을 읽습니까?

B 네, ________________.

(2) A 노래를 부릅니까?

B 네, ________________.

(3) A 한국 음식을 좋아합니까?

B 네, ________________.

(4) A 외국어를 배웁니까?

B 네, ________________.

7 〈보기〉와 같이 대화를 완성하세요. Dokończ dialogi według wzoru.

보기 A 책을 삽니까?
B 아니요, <u>책을 사지 않습니다</u>.

(1) A 친구를 만납니까?

B 아니요, ________________.

(2) A 커피를 마십니까?

B 아니요, ________________.

(3) A 불고기를 먹습니까?

B 아니요, ________________.

(4) A 영화를 봅니까?

B 아니요, ________________.

어휘와 표현
Słownictwo
i wyrażenia

읽다 czytać	텔레비전 telewizor	주스 sok	외국어 język obcy
쉬다 odpoczywać	보다 oglądać, patrzeć	집 dom	배우다 uczyć się
비싸다 być drogim	마시다 pić	부르다 wołać	커피 kawa
좋다 być dobrym	노래 piosenka	노래를 부르다 śpiewać	영화 film
쓰다 pisać	옷 ubranie	음식 jedzenie	
듣다 słuchać	사다 kupować	좋아하다 lubić	

본문 II

김진수 여기는 어디입니까?

미하우 여기는 카페테리아입니다.

김진수 미하우 씨는 카페테리아에서 무엇을 합니까?

미하우 저는 카페테리아에서 커피를 마십니다.
그리고 친구를 만납니다.

김진수 누구를 만납니까?

미하우 에밀리아 씨를 만납니다.

나는 미하우입니다. 나는 바르샤바 대학교의 학생입니다. 내 전공은 한국어입니다. 오늘은 한국어 문법을 배웁니다. 그리고 한국 노래도 배웁니다. 나는 한국 노래를 좋아합니다. 집에서 한국 노래를 자주 듣습니다. 나는 한국 영화도 좋아합니다. 서점에서 한국 영화 디브이디를 삽니다. 집에서 한국 영화를 봅니다. 나는 한국 음식도 좋아합니다. 오늘 한국 식당에 갑니다. 불고기를 먹습니다. 그리고 녹차도 마십니다. 나는 녹차를 아주 좋아합니다.

어휘와 표현
Słownictwo i wyrażenia

카페테리아 kafeteria	나 ja
하다 robić	바르샤바 Warszawa
그리고 i, oraz	대학교 uniwersytet
누구 kto	내 mój, moja, moje, moi

전공 kierunek studiów, specjalizacja	서점 księgarnia
문법 gramatyka	디브이디 DVD
자주 często	녹차 zielona herbata
	아주 bardzo

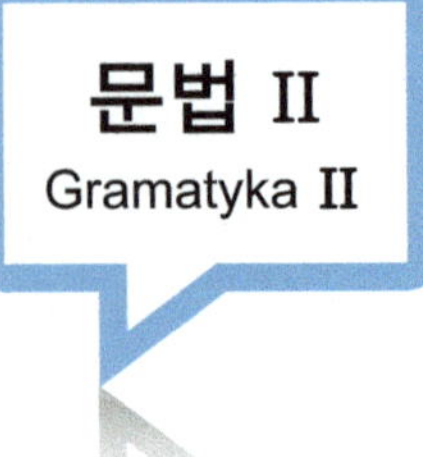

1 N에서 'w N'

Gramatyczna końcówka rzeczownika '에서' jest wykładnikiem miejscownika i sygnalizuje w zdaniu okolicznik miejsca wykonywania czynności.

극장에서 영화를 봅니다.

식당에서 밥을 먹습니다.

방에서 쉽니다.

도서관에서 책을 빌립니다.

우리는 학교에서 한국어를 공부합니다.

2 누구 'kto'

Zaimek pytajny '누구' 'kto' jest używany w zdaniach pytajnych uzupełnienia.

역에서 누구를 기다립니까?

내일 학교에서 누구를 만납니까?

그 친구는 누구입니까?

3 나 'ja'

'나' 'ja' to neutralny honoryfikatywnie zaimek pierwszej osoby liczby pojedynczej. Jest używany wobec osób równych wiekiem czy statusem społecznym z nadawcą oraz młodszych bądź niżej stojących w hierarchii.

나는 에바입니다.

나는 한국 사람입니다.

나는 한국에 갑니다.

나는 학교에 가지 않습니다.

◎ W sytuacjach formalnych, wobec osób wyżej stojących w hierarchii używany jest uniżony (modestywny) zaimek pierwszej osoby liczby pojedynczej '저'.

저는 김진수입니다.

저는 폴란드 사람입니다.

4 내 N   'mój, moja, moje, moi N'

Zaimek dzierżawczy 'mój, moja, moje, moi' został utworzony z połączenia zaimka osobowego pierwszej osoby '나' oraz gramatycznej końcówki dopełniaczowej '의' ('나의').

· 내 책   · 내 전공   · 내 친구

◎ Forma uniżona (modestywna) w stosunku do neutralnego '내' ma postać '제'.

· 제 책   · 제 전공   · 제 친구

어휘와 표현
Słownictwo
i wyrażenia

밥 posiłek, ryż	기다리다 czekać
방 pokój	내일 jutro
빌리다 pożyczać	제 mój, moja, moje, moi
역 stacja, dworzec	

연습 II
Ćwiczenia II

1 〈보기〉와 같이 문장을 만드세요. Utwórz zdania według wzoru.

> **보기** 극장에서 영화를 봅니다. (극장, 영화, 보다)

(1) _________________________________. (시장, 사과, 사다)

(2) _________________________________. (도서관, 책, 읽다)

(3) _________________________________. (식당, 밥, 먹다)

(4) _________________________________. (커피숍, 커피, 마시다)

2 〈보기〉에서 맞는 것을 골라 대화를 완성하세요.
Uzupełnij dialogi odpowiednim pytajnikiem.

> **보기** 누구 / 어디 / 무엇

(1) A 이 사람은 _______입니까?
　　B 제 친구입니다.

(2) A 오늘은 _______을 합니까?
　　B 집에서 쉽니다.

(3) A 이것은 _______의 우산입니까?
　　B 에밀리아 씨의 우산입니다.

(4) A _______에서 옷을 삽니까?
　　B 백화점에서 삽니다.

(5) A 이것은 _______입니까?
　　B 컴퓨터입니다.

(6) A 여기는 _______입니까?
　　B 체육관입니다.

어휘와 표현
Słownictwo i wyrażenia

시장 bazar, targ, rynek　　　백화점 dom towarowy, centrum handlowe
사과 jabłko　　　컴퓨터 komputer
커피숍 kawiarnia　　　체육관 hala sportowa, sala gimnastyczna

연습 Ⅲ
Ćwiczenia Ⅲ

1 track 06 잘 듣고 맞는 장소를 연결하세요.
Wysłuchaj dialogu i odpowiednio połącz.

(1) 표트르 •　　　　　　　　　• (a) 백화점

(2) 나 영 •　　　　　　　　　• (b) 공원

(3) 진 수 •　　　　　　　　　• (c) 도서관

2 잘 듣고 이 사람이 오늘 하는 일이면 O, 아니면 X 하세요.
Wysłuchaj tekstu i oznacz symbolem „O" czynności wykonywane dzisiaj,
pozostałe zaś czynności – symbolem „X".

(1) 학교에 갑니다.　(　　) 　　(2) 운동을 합니다.　(　　)

(3) 영화를 봅니다.　(　　) 　　(4) 친구를 만납니다.　(　　)

(5) 점심을 먹습니다.　(　　) 　　(6) 노래를 부릅니다.　(　　)

3 친구들과 오늘 어디에 가는지, 무엇을 하는지 이야기하고 써 보세요.
Porozmawiaj z kolegami i koleżankami, napisz dokąd idą i co dzisiaj robią.

오늘 어디에 갑니까?
무엇을 합니까?

4 〈보기〉와 같이 교실에 있는 여러 가지 물건들의 이름을 물어보고, 누구의
물건인지 질문해 보세요.
Zapytaj o nazwy przedmiotów znajdujących się w klasie i zapytaj do kogo należą.

> **보기**
>
> A 저것은 무엇입니까?
> B 우산입니다.
>
> A 누구의 우산입니까?
> B 미하우의 우산입니다.

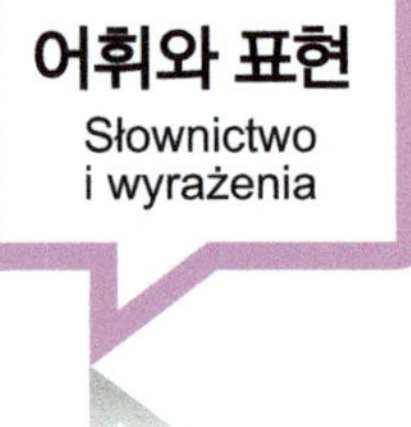

어휘와 표현
Słownictwo
i wyrażenia

운동 ćwiczenie fizyczne, sport　　　　점심 obiad

3과 이번 주말에 무엇을 합니까?

- 일상생활 (życie codzienne)

- 계획 (plan tygodnia)

- 계절과 날씨 (pory roku i pogoda)

본문 I

track 07

오늘은 날씨가 좋습니다. 그리고 따뜻합니다. 김진수 씨는 와지엔키 공원에 갑니다. 거기에서 미하우 씨를 만납니다. 김진수 씨와 미하우 씨는 공원에서 산책을 합니다. 오늘 공원에서 피아니스트가 쇼팽의 음악을 연주합니다. 김진수 씨와 미하우 씨는 모두 쇼팽의 음악을 좋아합니다. 쇼팽의 음악은 참 아름답습니다.

김진수	오늘은 무슨 요일입니까?
미하우	오늘은 수요일입니다.
김진수	미하우 씨는 오늘 무엇을 합니까?
미하우	영화를 봅니다.
김진수	무슨 영화를 봅니까?
미하우	한국 영화 '집으로'를 봅니다.

어휘와 표현
Słownictwo i wyrażenia

날씨 pogoda

따뜻하다 być ciepłym

와지엔키 공원 Park Łazienkowski

산책 spacer

피아니스트 pianista

쇼팽 Chopin

음악 muzyka

연주하다 grać na instrumencie muzycznym, koncertować

모두 wszyscy

참 naprawdę

아름답다 być pięknym

무슨 jaki

요일 dzień tygodnia

수요일 środa

문법 I
Gramatyka I

1 N이/가

'-이/가' to gramatyczna końcówka rzeczownika, która jest wykładnikiem mianownika i najczęściej w zdaniu komunikuje podmiot.

> Gdy rzeczownik kończy się na spółgłoskę: N + 이
>
> Gdy rzeczownik kończy się na samogłoskę: N + 가
>
> · 식당이   · 한국이   · 학교가   · 폴란드가

학생이 학교에 갑니다.

여기가 식당입니다.

안나 씨가 차를 마십니다.

◎ Zaimek osobowy '누구' wraz z wykładnikiem mianownika '-가' (jako podmiot) przyjmuje formę '누가'.

A 누가 잡니까?   A 누가 바르샤바에 옵니까?

B 진수 씨가 잡니다.   B 친구가 옵니다.

2 N1와/과 N2   'N1 i N2'

Spójnik międzyrzeczownikowy '와/과' ('CO i CO, KTO i KTO, KTO z KIM, CO z CZYM') to końcówka gramatyczna rzeczownika, która jest stosowana w szeregowych połączeniach dwóch rzeczowników.

> Gdy rzeczownik kończy się na spółgłoskę: N + 과
>
> Gdy rzeczownik kończy się na samogłoskę: N + 와
>
> · 선생님과 학생   · 커피와 차

저는 도서관과 매점에 갑니다.

미하우 씨와 진수 씨가 강의실에 들어갑니다.

제 친구는 음악과 영화를 좋아합니다.

시장에서 사과와 자두를 삽니다.

3 무슨 N 'jaki N'

Przymiotny zaimek pytajny 무슨 ('jaki') jest używany w pytaniach o typ, rodzaj obiektów (osób i rzeczy).

A 이것은 무슨 차입니까?

B 녹차입니다.

A 무슨 책을 읽습니까?

B 한국어 책을 읽습니다.

A 무슨 꽃을 좋아합니까?

B 장미를 좋아합니다.

4 요일 'dzień tygodnia'

요일 w połączeniu z prefiksami nazywa dni tygodnia.

일요일	월요일	화요일	수요일	목요일	금요일	토요일
niedziela	poniedziałek	wtorek	środa	czwartek	piątek	sobota

어휘와 표현
Słownictwo
i wyrażenia

차 herbata

누가 kto

들어가다 wejść

자두 śliwka (renkloda)

꽃 kwiat

장미 róża

일요일 niedziela

월요일 poniedziałek

화요일 wtorek

목요일 czwartek

금요일 piątek

토요일 sobota

연습 I
Ćwiczenia I

1 〈보기〉와 같이 문장을 만드세요. Utwórz zdania według wzoru.

> **보기**　　　　꽃이 <u>예쁩니다</u>.　(꽃, 예쁘다)

(1) _______________________________. (날씨, 좋다)

(2) _______________________________. (이 옷, 비싸다)

(3) _______________________________. (이 책, 재미있다)

(4) _______________________________. (신발, 작다)

2 〈보기〉와 같이 하세요. Uzupełnij według wzoru.

> **보기**　　　　<u>물과 주스</u>　(물, 주스)

(1) _________________ (미하우 씨, 김진수 씨)

(2) _________________ (의사, 간호사)

(3) _________________ (도서관, 체육관)

(4) _________________ (봄, 여름)

3 다음 빈칸을 채우세요. Uzupełnij puste miejsca.

일요일 – (　　　　) – 화요일 – 수요일 – (　　　　) – 금요일 – (　　　　)

4 〈보기〉와 같이 대화를 완성하세요. Dokończ dialogi według wzoru.

> **보기**
>
> A 오늘은 <u>무슨 요일입니까</u>? 
>
> B 금요일입니다.

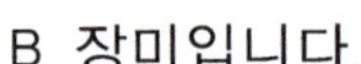

(1) A 이것은 ____________?

B 장미입니다.

(2) A 이것은 ____________?

B 한국어 책입니다.

(3) A 이것은 ____________?

B 오렌지 주스입니다.

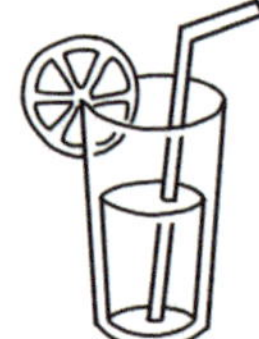

(4) A 이것은 ____________?

B 피에로기입니다.

어휘와 표현

Słownictwo
i wyrażenia

예쁘다 być ładnym

재미있다 być interesującym

신발 buty

물 woda

봄 wiosna

여름 lato

오렌지 pomarańcza

김진수 미하우 씨, 이번 주말에 무엇을 합니까?

미하우 시내에 갑니다.

김진수 시내에서 무엇을 합니까?

미하우 친구를 만납니다.

김진수 어디에서 친구를 만납니까?

미하우 커피숍에서 친구를 만납니다.

김진수 커피숍에서 커피를 마십니까?

미하우 아니요, 저는 커피를 안 마십니다.
　　　　홍차를 마십니다. 홍차가 맛있습니다.

　　지금은 가을입니다. 날씨가 아주 좋습니다. 비가 오지 않습니다. 그리고 시원합니다. 나는 가을을 아주 좋아합니다. 나는 가을에 공원에 자주 갑니다. 공원에서 책을 읽고 음악을 듣습니다. 그리고 산책도 합니다. 공원에서 꽃과 나무를 봅니다. 새 소리를 듣습니다. 나는 오후에 공원에서 데이트를 합니다. 나는 주스를 마십니다. 내 여자 친구는 아이스크림을 먹습니다. 우리는 행복합니다.

이번 ten, nadchodzący	가을 jesień	새 소리 śpiew ptaków
주말 weekend	비 deszcz	오후 popołudnie
시내 centrum miasta	시원하다 być chłodnym, rześkim	데이트 randka
홍차 herbata czarna	나무 drzewo	여자 kobieta
맛있다 być smacznym	새 ptak	아이스크림 lody
지금 teraz	소리 dźwięk	행복하다 być szczęśliwym

문법 II
Gramatyka II

1 N에 'w N'

'-에' ('w') to jest gramatyczna końcówka rzeczownika, która łączy się m.in. z określeniami czasu w funkcji okolicznikowej. W zdaniu komunikuje okolicznik czasu, czyli czas danego zdarzenia.

· 일요일에　　· 주말에　　· 봄에

일요일에 친구를 만납니다.

주말에 영화를 봅니다.

◎ Przysłówkowe określenia czasu, takie jak '오늘, 내일, 어제, 지금, 매일 (dzisiaj, jutro, wczoraj, teraz, codziennie)' nie łączą się z końcówką '-에'.

오늘 친구를 만납니다.(○)　　　오늘에 친구를 만납니다.(×)

2 안 V/A 'nie V/A'

Wykładnik przeczenia '안' występuje przed czasownikami lub przymiotnikami w prostych (syntetycznych) formach negacji.

학교에 안 갑니다.

책을 안 읽습니다.

고기를 안 먹습니다.

날씨가 안 좋습니다.

저는 안 춥습니다.

3 Z1-고 Z2   'Z1 i Z2'

Niefinitywna końcówka '-고' ('i, a') służy do łączenia dwóch zdań (Z1 i Z2) i nie wymaga zmian w temacie czasownika ani przymiotnika, po którym następuje.

밥을 먹고 도서관에 갑니다.

공원을 구경하고 영화를 봅니다.

미하우 씨는 폴란드 사람이고 진수 씨는 한국 사람입니다.

어휘와 표현
Słownictwo i wyrażenia

방학 wakacje	고기 mięso
어제 wczoraj	춥다 być zimnym
매일 codziennie	구경하다 oglądać, zwiedzać

연습 II
Ćwiczenia II

1 다음 일정을 보고 〈보기〉와 같이 하세요.
Popatrz na plan tygodnia i uzupełnij według wzoru.

6 JUNE	일	월	화		수	목	금	토
	영화		운동		병원		미하우	프랑스어

보기

A 무슨 요일에 영화를 봅니까?

B 일요일에 봅니다.

(1) A 무슨 요일에 운동을 합니까?

B ______________________.

(2) A 무슨 요일에 병원에 갑니까?

B ______________________.

(3) A 무슨 요일에 미하우 씨를 만납니까?

B ______________________.

(4) A 무슨 요일에 프랑스어를 배웁니까?

B ______________________.

2 다음에서 맞는 것을 골라 O 하세요. Zaznacz poprawną formę.

(1) 나는 (오늘, 오늘에) 집에서 쉽니다.

(2) 내 친구는 (가을, 가을에) 한국에 갑니다.

(3) (오후, 오후에) 병원에 갑니다.

(4) (매일, 매일에) 수영을 합니다.

3 〈보기〉와 같이 문장을 만드세요. Utwórz zdania według wzoru.

> 보기　미하우 씨는 음악을 듣습니다. + 책을 읽습니다.
> → 미하우 씨는 음악을 듣고 책을 읽습니다.

(1) 에밀리아 씨는 운동을 합니다. + 학교에서 공부합니다.

→ ____________________________________.

(2) 영화를 봅니다. + 아이스크림을 먹습니다.

→ ____________________________________.

(3) 이 옷은 쌉니다. + 예쁩니다.

→ ____________________________________.

(4) 그 사람은 착합니다. + 친절합니다.

→ ____________________________________.

어휘와 표현
Słownictwo
i wyrażenia

프랑스어 język francuski　　착하다 być miłym, dobrym

수영 pływanie　　친절하다 być serdecznym, uprzejmym

싸다 być tanim

연습 Ⅲ
Ćwiczenia Ⅲ

1 track 09 잘 듣고 맞는 그림을 연결하세요. Wysłuchaj dialogów i połącz.

(1) •　　　　　　　　• (a)

(2) •　　　　　　　　• (b)

(3) •　　　　　　　　• (c)

2 잘 듣고 오늘 무슨 일을 하는지 순서대로 번호를 쓰세요.
Wysłuchaj tekstu i zaznacz kolejność wykonywanych czynności.

(1) 친구를 만납니다.　　　　(　) 차를 마십니다.

(　) 영화를 봅니다.　　　　　(　) 식사를 합니다.

(　) 공원에서 산책을 합니다.

3 이번 주에 무엇을 하는지 아래에 써 보고 〈보기〉와 같이 친구와 이야기해 보세요.
Opisz swój tydzień, a następnie porozmawiaj z kolegą, stosując poniższe wyrażenia.

보기　A 미하우 씨는 월요일에 무엇을 합니까?
　　　B 운동을 하고 집에서 쉽니다.

　　　A 화요일에는 무엇을 합니까?
　　　B 학교에 갑니다.

일	월	화	수	목	금	토

4 무엇을 좋아하는지 친구와 이야기해 보세요.
Porozmawiaj z kolegą o tym, co lubisz.

보기
A 무슨 음식을 좋아합니까?
B 피에로기를 좋아합니다.

음식	영화	노래	

어휘와 표현
Słownictwo
i wyrażenia

식사 posiłek

4과

오늘 뭐 해요?

- 위치와 장소 (lokalizacja)

- 학교 건물 (opis szkoły)

- 기숙사 생활 (życie w akademiku)

본문 I

미하우 진수 씨, 오늘 오후에 뭐 해요?

김진수 친구를 만나요.

미하우 어디에서 만나요?

김진수 카페테리아에서 만나요.
카페테리아는 어디에 있어요?

미하우 카페테리아는 주차장 옆에 있어요.

　여기는 우리 학교예요. 우리 학교는 시내에 있어요. 학교에는 강의실과 도서관과 식당이 있어요. 서점과 매점도 있어요.

　여기는 도서관이에요. 도서관에는 책이 많이 있어요. 도서관 앞에는 정원이 있어요. 정원에는 꽃과 분수가 있어요. 아주 아름다워요. 도서관 옆에는 카페테리아가 있어요. 도서관 뒤에는 식당이 있어요.

어휘와 표현
Słownictwo i wyrażenia

뭐 co	앞 przed
있다 znajdować się, być, mieć	정원 ogród
주차장 parking	분수 fontanna
옆 obok	뒤 z tyłu
많이 dużo, wiele (bardzo)	

문법 I
Gramatyka I

1 V/A-아요/어요

'V/A-아요/어요' to honoryfikatywna grzeczna końcówka finitywna zdania oznajmującego, która łączy się z tematem czasownika lub przymiotnika. Jest to końcówka honoryfikatywnie grzeczna, lecz używana w sytuacjach mniej formalnych niż 'V/A-습니다/ㅂ니다'.

1. Gdy ostatnią samogłoską tematu czasownika lub przymiotnika jest samogłoska ㅏ / ㅗ: V/A + -아요

- 가다 → 가요   - 보다 → 봐요   - 받다 → 받아요

내일 포즈난에 가요.   백화점에서 구두를 사요.

극장에서 영화를 봐요.   매일 비가 와요.

선물을 받아요.   날씨가 좋아요.

2. Złożone czasowniki i przymiotniki zawierające czasownik posiłkowy '-하다' przyjmują postać '해요'.

- 공부하다 → 공부해요
- 좋아하다 → 좋아해요
- 시원하다 → 시원해요

한국어를 공부해요.   폴란드를 좋아해요.

날씨가 시원해요.   선생님이 친절해요.

운동장에서 축구를 해요.   학교가 깨끗해요.

3. W pozostałych przypadkach: V/A + -어요

- 주다 → 줘요
- 먹다 → 먹어요
- 맛있다 → 맛있어요

선물을 줘요.　　　　　　　비고스는 맛있어요.

주렉을 먹어요.　　　　　　머리가 길어요.

◎ Kiedy w takiej konstrukcji następują po sobie dwie samogłoski to jedna z nich zanika lub obie przekształcają się w dyftong (samogłoskę podwójną).

◎ W zależności od intonacji końcówka '-아요/어요' może występować w pytaniu bądź w zdaniu twierdzącym.

백화점에서 구두를 사요.　　　　백화점에서 구두를 사요?

사과가 맛있어요.　　　　　　　사과가 맛있어요?

김진수　오늘 뭐 해요?

표트르　선생님을 만나요.

김진수　어디에서 만나요?

표트르　도서관에서 만나요.

< Wybrane czasowniki i przymiotniki w formie '-아요/어요' >

Forma słownikowa	-아요/어요	Forma słownikowa	-아요/어요
가다	가요	주다	줘요
보다	봐요	하다	해요
공부하다	공부해요	먹다	먹어요
작다	작아요	읽다	읽어요
있다	있어요	없다	없어요

2 N에 있다/없다　'N jest (znajduje się) GDZIE', 'N nie ma GDZIE'

Schemat zdaniowy typu 'N에 있다/없다' ma znaczenie lokatywne. Rzeczownik nazywający miejsce łączy się z końcówką gramatyczną '에' o znaczeniu 'w', '있다' odpowiada polskiemu 'znajdować się GDZIE, być GDZIE', '없다' zaś – 'nie znajdować się GDZIE, nie być GDZIE'.

미하우 씨는 집에 있어요.

에바 씨는 학교에 있어요.

안나 씨는 여기에 없어요.

이 책은 도서관에 없어요.

3 N 앞 (뒤/위/아래(밑)/옆/왼쪽/오른쪽/안/밖)
przód (tył, na (nad), spód (dół), bok, lewa strona, prawa strona, wewnątrz, na zewnątrz) N'

'N 앞(뒤/위/아래(밑)/옆/왼쪽/오른쪽/안/밖)' to wyrażenie relacji przestrzennej, które składa się z rzeczownika głównego N oraz z rzeczownika nazywającego miejsce ('przód, tył, wierzch, spód (dół), bok, lewa strona, prawa strona, wnętrze, na zewnątrz').
Wskazuje położenie obiektów. Wyrażenie to zazwyczaj używane jest w konstrukcjach typu: 'N1 앞에 N2이/가 있다' (gdzie N2 jest obiektem, którego położenie jest wskazywane w stosunku do N1).

나무 위에 새가 있어요.　　　식당 왼쪽에 도서관이 있어요.

다리 밑에 배가 있어요.　　　강의실 오른쪽에 사무실이 있어요.

도서관 옆에 식당이 있어요.　　　도서관 안에 매점이 있어요.

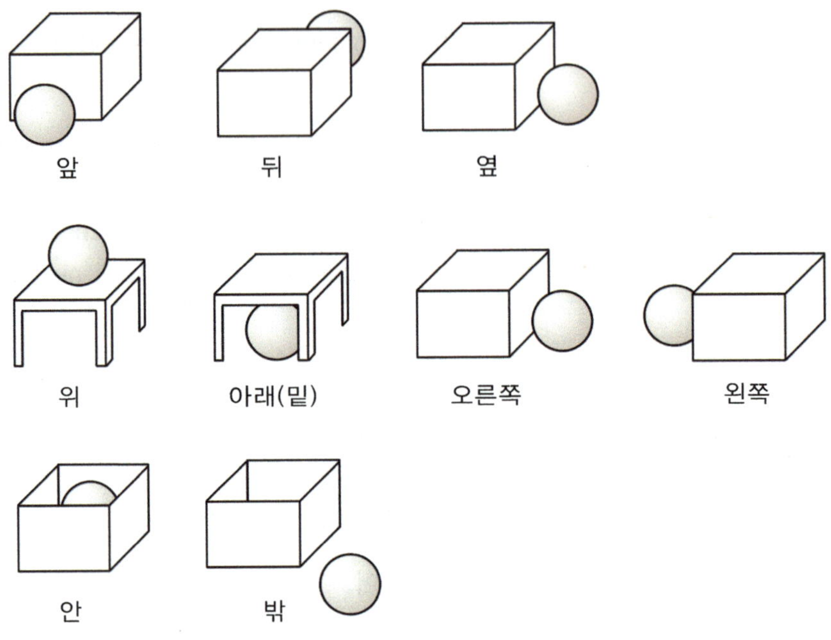

4 우리 N   'nasz N, mój N'

'우리' to zaimek osobowy oraz dzierżawczy pierwszej osoby liczby mnogiej (honoryfikatywnie neutralny): 'my', 'nasz, nasza, nasze, nasi N'.

여기가 우리 교실입니다.

저기 우리 학교 축구 팀이 옵니다.

◎ zaimki pierwszej osoby

	Forma słownikowa	Forma mianownikowa	Forma dzierżawcza	Forma biernikowa	Forma tematu zdaniowego
Pierwsza osoba liczby pojedynczej	나	내가	내	나를	나는
Pierwsza osoba liczby pojedynczej (forma uniżona, czyli modestywna)	저	제가	제	저를	저는
Pierwsza osoba liczby mnogiej	우리	우리가	우리	우리를	우리는
Pierwsza osoba liczby mnogiej (forma uniżona, czyli modestywna)	저희	저희가	저희	저희를	저희는

◎ W stylu pisanym nie występują formy dzierżawcze '내, 제, 우리 N', a zamiast nich używa się pełnej postaci: '나의, 저의, 우리의 N'.

◎ '우리' 'my, nasz' jest formą liczby mnogiej od '나' 'ja, lecz gdy nadawca mówi o własnej rodzinie lub o grupie, do której należy – stosuje formę '우리'.

여기가 우리 집이에요.

우리 가족은 바르샤바에서 살아요.

우리 아버지는 은행원입니다.

5 N-이에요/예요   'być KIM, CZYM'

'이다' jest spójką o znaczeniu 'być KIM, CZYM' i występuje jedynie z rzeczownikiem, tworząc orzeczenie imienne. W stylu honoryfikatywnym formalnie grzecznym przyjmuje postać '-입니다', zaś w mniej formalnym – postać '-이에요' (wariant pospółgłoskowy) bądź '-예요' (wariant posamogłoskowy).

> Gdy rzeczownik kończy się na spółgłoskę: N + -이에요
> Gdy rzeczownik kończy się na samogłoskę: N + -예요
>
> · 학생 + -이에요 → 학생이에요
> · 의사 + -예요 → 의사예요

저는 선생님이에요.　　　　저는 의사예요.

이것은 꽃이에요.　　　　이것은 사과예요.

저기는 시청이에요.　　　　여기는 학교예요.

◎ N이/가 아니에요 'nie być KIM, CZYM'

'N이/가 아니에요' 'nie być KIM/CZYM' to leksykalna przecząca postać spójki 'N-이에요/예요' 'być KIM/CZYM', a nie fleksyjna forma jej negacji.
W stylu honoryfikatywnym formalnie grzecznym przyjmuje postać '아닙니다', w mniej formalnym zaś – '아니에요'.

- 학생이에요 → 학생이 아니에요.

- 꽃이에요 → 꽃이 아니에요.

- 의사예요 → 의사가 아니에요.

- 학교예요 → 학교가 아니에요.

6 'ㅂ'불규칙 nieregularne 'ㅂ'

Tzw. nieregularne 'ㅂ' kończy temat niektórych czasowników i przymiotników i przechodzi w '우' przed morfemem lub końcówką zaczynającą się od samogłoski. W koniugacji taki czasownik lub przymiotnik łączy się z formami '-어요', '-었어요', itp.

Gdy morfem lub końcówka dodawana do tematu zaczyna się na spółgłoskę to 'ㅂ' nie zanika.

Gdy morfem lub końcówka dodawana do tematu zaczyna się na samogłoskę to 'ㅂ' przechodzi w '우'.

- 맵- + -고 → 맵고
- 맵- + -습니다 → 맵습니다
- 맵- + -어요 → 매워요

Przykłady czasowników i przymiotników z nieregularnym 'ㅂ'.

Forma słownikowa	-습니다/ㅂ니다	-아요/어요
덥다	덥습니다	더워요
맵다	맵습니다	매워요
쉽다	쉽습니다	쉬워요
어렵다	어렵습니다	어려워요
춥다	춥습니다	추워요

폴란드는 지금 추워요.

A 시험이 어려워요?
B 네, 좀 어려워요.

◎ Nie wszystkie czasowniki i przymiotniki, których ostatnią głoską tematu jest 'ㅂ' podlegają takiej nieregularnej koniugacji. Przykłady czasowników i przymiotników regularnych:

· 잡다 → 잡아요   · 좁다 → 좁아요   · 입다 → 입어요

어휘와 표현
Słownictwo i wyrażenia

받다 otrzymać	밖 poza, na zewnątrz
포즈난 Poznań	다리 most
구두 buty	배 statek
선물 prezent	교실 klasa, sala
운동장 boisko	팀 grupa
축구 piłka nożna	저희 my, nasz, nasza, nasze
깨끗하다 być czystym	가족 rodzina
주다 dawać, dać	살다 żyć, mieszkać
비고스 bigos	아버지 ojciec
머리 głowa, włosy	시청 ratusz
길다 być długim	맵다 być ostrym, pikantnym
없다 nie znajdować się, nie mieć	덥다 być gorącym
위 na, nad	쉽다 być łatwym
아래 pod	어렵다 być trudnym
밑 pod	시험 egzamin
왼쪽 lewa strona	좀 trochę
오른쪽 prawa strona	잡다 złapać
안 w	좁다 być wąskim

연습 I
Ćwiczenia I

1 〈보기〉와 같이 하세요. Uzupełnij według wzoru.

보기　　　　가다 → <u>가요</u>

(1) 먹다 → ___________　　(2) 읽다 → ___________

(3) 보다 → ___________　　(4) 좋아하다 → ___________

(5) 마시다 → ___________　　(6) 싸다 → ___________

(7) 재미있다 → ___________　　(8) 따뜻하다 → ___________

(9) 작다 → ___________　　(10) 좋다 → ___________

2 〈보기〉와 같이 대화를 완성하세요. Dokończ dialogi według wzoru.

보기　　A　오늘 무엇을 해요?

　　　　B　<u>공부를 해요</u>. (공부, 하다)

(1) A　오늘 무엇을 해요?

　　B　___________________. (책, 읽다)

(2) A　오늘 무엇을 해요?

　　B　___________________. (친구, 만나다)

(3) A　오늘 무엇을 해요?

　　B　___________________. (프랑스어, 배우다)

(4) A　오늘 무엇을 해요?

　　B　___________________. (영화, 보다)

3 〈보기〉와 같이 문장을 만드세요. Utwórz zdania według wzoru.

> **보기** 날씨가 따뜻해요. (날씨, 따뜻하다)

(1) _______________________. (옷, 비싸다)

(2) _______________________. (김치, 맛있다)

(3) _______________________. (책, 재미있다)

(4) _______________________. (집, 좋다)

4 〈보기〉와 같이 대화를 완성하세요. Dokończ dialogi według wzoru.

> **보기**
> A 미하우 씨는 어디에 있어요?
> B 식당에 있어요. (식당)

(1) A 마이클 씨는 어디에 있어요?

  B _______________. (강의실)

(2) A 에밀리아 씨는 어디에 있어요?

  B _______________. (도서관)

(3) A 나영 씨는 어디에 있어요?

  B _______________. (공원)

(4) A 진수 씨는 어디에 있어요?

  B _______________. (백화점)

5 그림을 보고 〈보기〉와 같이 대화를 완성하세요.
Patrząc na rysunek uzupełnij poniższe zdania.

> 보기
>
> A 선풍기는 어디에 있어요?
>
> B 책상 뒤에 있어요.

(1) A 우산은 어디에 있어요?

　　 B 책상 ____에 있어요.

(2) A 책은 어디에 있어요?

　　 B 책상 ____에 있어요.

(3) A 의자는 어디에 있어요?

　　 B 책상 ____에 있어요.

(4) A 전화기는 어디에 있어요?

　　 B 책상 ____에 있어요.

6 〈보기〉와 같이 문장을 만드세요. **Utwórz zdania według wzoru.**

> 보기　　　저 사람, 미하우 → 저 사람은 미하우예요.

(1) 이것, 우산 → ____________________.

(2) 여기, 학교 → ____________________.

(3) 저것, 한국어 책 → ____________________.

(4) 내일, 월요일 → ____________________.

7 빈칸을 채우세요. Uzupełnij poniższą tabelkę.

	-습니다/ㅂ니다	-아요/어요
아름답다	아름답습니다	아름다워요
춥다		
덥다		
가깝다		
맵다		
쉽다		
어렵다		

어휘와 표현
Słownictwo
i wyrażenia

김치 *kimchi*

선풍기 wentylator

전화기 telefon (aparat)

가깝다 być bliskim

본문 II

track 11

미하우 진수 씨는 어디에서 왔어요?

김진수 저는 서울에서 왔어요.

미하우 언제 폴란드에 왔어요?

김진수 작년에 왔어요.

미하우 지금 어디에서 살아요?

김진수 기숙사에서 살아요.

미하우 기숙사가 어때요?

김진수 기숙사는 가깝지만 좀 불편해요.

저는 기숙사에서 살아요. 기숙사는 학교에서 가까워요. 기숙사에는 방도 있고 부엌도 있고 욕실도 있어요. 기숙사에는 폴란드 학생들도 있지만 외국 학생들도 있어요. 학생들은 기숙사에서 공부도 하고 요리도 하고 빨래도 해요.

어제는 기숙사에서 친구들과 같이 파티를 했어요. 친구들이 많이 왔어요. 우리는 같이 음악도 듣고 춤도 췄어요. 이야기도 많이 했어요. 아주 재미있었어요. 그렇지만 오늘 아침에는 좀 피곤했어요.

어휘와 표현
Słownictwo i wyrażenia

서울 Seul
언제 kiedy
작년 zeszły rok
기숙사 akademik
어때요? jakie jest?

불편하다 być niewygodnym
부엌 kuchnia
욕실 łazienka
외국 zagranica
요리 potrawa, kuchnia (koreańska, polska, itp)

빨래 pranie
파티 impreza
춤 taniec
추다 tańczyć
춤을 추다 tańczyć

이야기 rozmowa
그렇지만 ale, chociaż
아침 rano, poranek
피곤하다 być zmęczonym

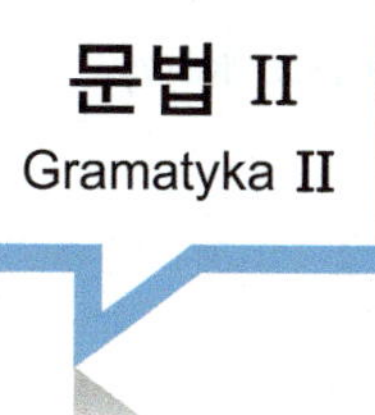

1 N에서 'z N', 'od N'

'-에서' jest gramatyczną końcówką rzeczownika, która pełni funkcję miejscownika i komunikuje w zdaniu okolicznik ablatywny miejsca, czyli 'z N', 'od N', 'z JAKIEGO MIEJSCA', 'od JAKIEGO MIEJSCA'.

저는 바르샤바에서 왔어요.

우리 집은 여기에서 멀어요.

극장은 여기에서 가까워요.

진수 씨는 한국에서 왔어요.

2 V/A-았/었-

Gramatyczny morfem '-았/었-' łączy się z tematem czasownika lub przymiotnika i wyraża znaczenie czasu przeszłego. Z końcówkami finitywnymi tworzy formy '-았어요/었어요' oraz '-았습니다/었습니다'.

1. Gdy ostatnią samogłoską tematu czasownika lub przymiotnika jest 'ㅏ/ㅗ': V/A + -았어요

- 사다 → 샀어요
- 오다 → 왔어요
- 앉다 → 앉았어요
- 좋다 → 좋았어요

학교에 갔어요.   저는 한국에서 왔어요.

선물을 샀어요.   기분이 좋았어요.

2. Czasowniki i przymiotniki, których elementem jest czasownik posiłkowy '-하다' przyjmują formę czasu przeszłego '-했어요'.

· 공부하다 → 공부했어요

· 깨끗하다 → 깨끗했어요

주말에 뭐 했어요? 어제는 시원했어요.

공원에서 산책했어요. 손이 깨끗했어요.

3. Czasowniki i przymiotniki, których ostatnią samogłoską tematu nie jest 'ㅏ/ㅗ': V/A + -었어요.

· 추다 → 췄어요/추었어요 · 마시다 → 마셨어요

· 춥다 → 추웠어요 · 재미있다 → 재미있었어요

상을 줬어요. 비빔밥이 맛있었어요.

책을 읽었어요. 날씨가 추웠어요.

◎ Jeśli temat czasownika lub przymiotnika kończy się na samogłoskę to jedna z samogłosek zanika lub obie przekształcają się w dyftong (samogłoskę podwójną).

◎ Zazwyczaj w mowie potocznej jedna z samogłosek zanika lub powstaje dyftong, lecz w tekście pisanym zachowywana jest postać dwusylabowa (nieściągnięta).

◎ V/A-았습니다/었습니다
Morfem czasu przeszłego zawsze łączy się z '-습니다', co daje formę: '-았습니다' lub '-었습니다'.

어제 학교에 갔습니다.

햄버거를 먹었습니다.

숙제를 했습니다.

3 언제 'kiedy'

Zaimek pytajny 'kiedy'.

언제 한국에 왔어요?

집에 언제 가요?

A 언제 친구를 만나요?
B 내일 만나요.

4 어때요? 'CO jest jakie?'

Wyrażenie pytajne 'CO jaki (jaka, jakie, jacy, jakie) jest (są)?'.

A 김치는 어때요?   A 날씨가 어때요?
B 조금 매워요.   B 조금 더워요.

5 Z1-지만 Z2 'Z1 ale Z2'

Niefinitywna końcówka czasownikowa lub przymiotnikowa '-지만' komunikuje znaczenie przeciwstawności 'ale' i umożliwia łączenie dwóch zdań w jedno zdanie złożone.

그 공원은 좋지만 집에서 멀어요.

한국 영화는 처음 보지만 재미있어요.

기숙사에 한국 학생들도 있지만 외국 학생들도 있어요.

6 N들

'-들' to końcówka rzeczownikowa, która wyraża znaczenie liczby mnogiej. Nie jest ona używana obligatoryjnie, ponieważ koreańskie rzeczowniki mogą występować w znaczeniu liczby pojedynczej lub mnogiej bez żadnej końcówki.

· 학생 → 학생들   · 친구 → 친구들

7 N와/과 (같이) 'razem z N', 'wraz z N', 'w towarzystwie N'

Wyrażenie 'razem z KIM, CZYM'.

미하우 씨와 같이 도서관에 가요.

선생님과 같이 이야기했어요.

◎ Wyrażenie 'N하고 (같이)' ma takie samo znaczenie jak 'N와/과 (같이)', ale jest używane częściej w mowie potocznej.

미하우 씨하고 같이 영화관에 갔어요.

◎ Wyrażenie 'N와/과 같이' można stosować wymiennie z 'N와/과 함께'.

선생님과 함께 식사를 했어요.

어휘와 표현
Słownictwo
i wyrażenia

멀다 być dalekim	숙제 zadanie domowe
앉다 siadać, usiąść	조금 trochę
기분 nastrój, samopoczucie	처음 po raz pierwszy
산책하다 spacerować	이야기하다 rozmawiać
손 ręka	하고 z, i
상 nagroda	영화관 kino
비빔밥 *bibimbap*	함께 razem

연습 II
Ćwiczenia II

1 빈칸을 채우세요. Uzupełnij poniższą tabelkę.

	-았습니다/었습니다	-았어요/었어요
가다	갔습니다	갔어요
먹다		
보다		
하다		
재미있다		
좋다		
싸다		
춥다		

2 〈보기〉와 같이 대화를 완성하세요. Dokończ dialogi według wzoru.

> **보기**
>
> A 어제 무엇을 했어요?
>
> B <u>빨래를 했어요.</u> (빨래, 하다)

(1) A 어제 무엇을 했어요?

    B ___________________. (친구, 만나다)

(2) A 지난 주말에 무엇을 했어요?

    B ___________________. (책, 읽다)

(3) A 지난 일요일에 무엇을 했어요?

    B ___________________. (영화, 보다)

(4) A 어제 무엇을 했어요?

    B ___________________. (프랑스어, 배우다)

3 〈보기〉와 같이 문장을 만드세요. Utwórz zdania według wzoru.

보기   이 음식은 맛있어요. + 비싸요.

이 음식은 맛있지만 비싸요.

(1) 그 책은 재미있어요. + 어려워요.

→ _______________________________.

(2) 여기는 따뜻해요. + 저기는 추워요.

→ _______________________________.

(3) 오늘은 집에서 쉬어요. + 내일은 학교에서 공부해요.

→ _______________________________.

(4) 저는 오늘 학교에 가요. + 미하우 씨는 안 가요.

→ _______________________________.

어휘와 표현
Słownictwo
i wyrażenia

지난 ostatni, przeszły

연습 Ⅲ
Ćwiczenia Ⅲ

 **1** track 12 잘 듣고 질문에 답하세요. Wysłuchaj dialogów i odpowiedz na pytania.

(1) 책상은 어디에 있습니까?

　① 침대 앞　　　　② 침대 뒤　　　　③ 침대 옆

(2) 우산은 책상 ___에 있습니다.

2 질문을 듣고 답을 찾아 연결하세요.
Wysłuchaj pytań i zaznacz prawidłowe odpowiedzi.

(1) •　　　　　　　　　　　　　　• (a) 책을 읽었어요.

(2) •　　　　　　　　　　　　　　• (b) 작년에 왔어요.

(3) •　　　　　　　　　　　　　　• (c) 서울에서 왔어요.

(4) •　　　　　　　　　　　　　　• (d) 도서관에 있어요.

3 친구와 어제 무엇을 했는지 이야기해 보세요.
Porozmawiaj z kolegą o tym, co robiłeś wczoraj.

| 보기 | 어제 무엇을 했어요?
어디에 갔어요? |

나	

4 〈보기〉와 같이 교실에 있는 물건들이 어디에 있는지 친구와 질문하고 대답
해 보세요.
Korzystając z przykładu, porozmawiaj o przedmiotach znajdujących się w klasie.

보기

A 칠판은 어디에 있어요?
B 선생님 뒤에 있어요.

A 텔레비전은 어디에 있어요?
B 책상 옆에 있어요.

어휘와 표현
Słownictwo
i wyrażenia

침대 łóżko

칠판 tablica

5과 콜라 한 잔 주세요

- 음식 주문 (składanie zamówienia w restauracji)

- 폴란드의 음식 문화 (polskie potrawy)

- 쇼핑 (zakupy)

본문 I

track 13

종업원	어서 오십시오. 모두 몇 분입니까?
에밀리아	셋입니다.
종업원	이쪽으로 오세요. 여기 앉으세요.
에밀리아	메뉴 주세요.
종업원	여기 있습니다.
에밀리아	저는 물 주세요.
김진수	저도 물 주세요.
미하우	저는 콜라 주세요.
종업원	콜라 한 잔, 물 두 잔 맞습니까?
미하우	네, 맞아요.

김진수	이 식당은 뭐가 맛있어요?
종업원	피에로기가 유명해요. 주렉도 맛있어요.
김진수	우리 피에로기하고 주렉을 먹을까요?
에밀리아	네, 먹읍시다.
미하우	비고스도 맛있어요?
종업원	물론이지요.
미하우	그럼 비고스도 주세요.
김진수	콜라도 시킬까요?
에밀리아	네, 좋아요. 몇 잔 시킬까요?
미하우	세 잔 시킵시다.

어휘와 표현
Słownictwo i wyrażenia

종업원 kelner, kelnerka

어서 오십시오 zapraszam(y), (proszę wejść)

몇 ile

분 osoba (jednostka) (hon.)

셋 trzy

이쪽 ta strona

메뉴 menu, jadłospis

콜라 Coca-Cola

한 jeden

잔 szklanka, filiżanka

두 dwa

맞다 zgadzać się, pasować

유명하다 być znanym

물론이지요 ależ naturalnie (oczywiście)

시키다 zamawiać, kazać

세 trzy

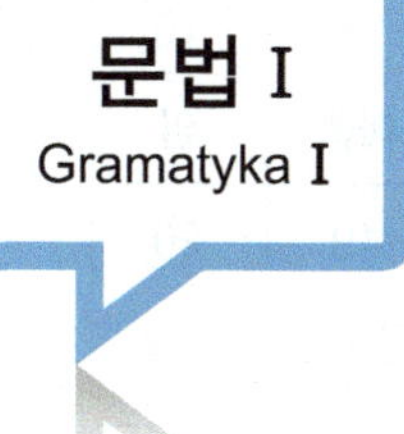

문법 I
Gramatyka I

1 V-(으)세요/(으)십시오

'-(으)십시오' to finitywna końcówka czasownikowa, która komunikuje grzeczny rozkaz lub prośbę. Zazwyczaj jest używana w bardziej formalnych sytuacjach niż '-(으)세요'.

Gdy temat czasownika kończy się na spółgłoskę (oprócz 'ㄹ'):

V + -으세요/으십시오

Gdy temat czasownika kończy się na samogłoskę:

V + -세요/십시오

√ 'ㄹ' kończące temat czasownika ulega zanikowi przed '-세요'/'-십시오', zaś temat pozbawiony 'ㄹ' łączy się bezpośrednio z '-세요'/'-십시오'.

· 읽다 → 읽으세요/읽으십시오

· 하다 → 하세요/하십시오

· 열다 → 여세요/여십시오

책을 읽으세요.	책을 읽으십시오.
숙제를 하세요.	숙제를 하십시오.
창문을 여세요.	창문을 여십시오.

2 하나/둘/셋 jeden, dwa, trzy

Rodzime liczebniki główne (rdzennie koreańskie). W języku koreańskim występują dwa rodzaje liczebników głównych: rodzime i sinokoreańskie. Przy liczeniu obiektów (bez klasyfikatorów wskazujących ich rodzaj) używa się następujących liczebników rodzimych:

1	2	3	4	5	6	7	8	9	10
하나	둘	셋	넷	다섯	여섯	일곱	여덟	아홉	열
11	12	13	14	15	16	17	18	19	20
열하나	열둘	열셋	열넷	열다섯	열여섯	열일곱	열여덟	열아홉	스물

10	20	30	40	50	60	70	80	90	100
열	스물	서른	마흔	쉰	예순	일흔	여든	아흔	백

25 → 스물다섯	47 → 마흔일곱
91 → 아흔하나	156 → 백쉰여섯

3 한/두/세 N   jeden, dwa, trzy N

Liczebniki rodzime mogą występować bezpośrednio przed niektórymi rzeczownikami i wówczas występują w postaci obocznej:

하나(1) → 한 → 한 사람   둘(2) → 두 → 두 사람

셋(3) → 세 → 세 사람   넷(4) → 네 → 네 사람

스물(20) → 스무 → 스무 사람

4 개/병/잔/명(분)/권/장
'sztuka', 'butelka', 'szklanka', 'osoba', 'wolumin', 'arkusz'

Klasyfikatory przyliczebnikowe jako wykładniki kwantytatywnego rodzaju rzeczowników (elementy reprezentujące określoną klasę rzeczowników) występują po liczebnikach i służą do liczenia obiektów z danego rodzaju, np. sztuk, butelek, szklanek, osób, woluminów, arkuszy, par, kompletów.

햄버거 두 개   콜라 두 병   커피 여섯 잔   학생 네 명

손님 한 분   책 세 권   입장권 다섯 장

5 몇 N 'ile N'

Liczebny zaimek pytajny '몇' ('ile') używany przy określaniu liczby obiektów, ilości lub miary.

A 책 몇 권이 필요해요?

B 두 권이 필요해요.

A 모두 몇 명이 있어요?

B 세 명이 있어요.

A 입장권 몇 장을 샀어요?

B 다섯 장을 샀어요.

6 N(으)로 'w kierunku N', 'do N', 'ku N'

'-(으)로' ('w kierunku N', 'do N', 'ku N') to gramatyczna końcówka rzeczownika, która jest dodawana do rzeczowników nazywających cel, kierunek, przeznaczenie. Zazwyczaj występuje z kierunkowymi czasownikami ruchu '가다' (ablatywny), '오다' (adlatywny).

Gdy rzeczownik kończy się na spółgłoskę: N + 으로

Gdy rzeczownik kończy się na samogłoskę lub 'ㄹ': N + 로

- 도서관 + 으로 → 도서관으로
- 식당 + 으로 → 식당으로
- 학교 + 로 → 학교로
- 서울 + 로 → 서울로

저쪽으로 쭉 가세요.

집으로 오세요.

저기로 가세요.

우리는 강의실로 가요.

7 N1하고 N2 'N1 i N2'

'-하고' ('i', 'z') to końcówka gramatyczna łącząca szeregowo dwa rzeczowniki, używana w mowie potocznej.

사과하고 배를 주세요.

미하우 씨하고 진수 씨가 집에 왔어요.

콜라하고 주스를 샀어요.

◎ W stylu pisanym jej odpowiednikiem jest forma 'N1와/과 N2'.

8 V-(으)ㄹ까요?

'-(으)ㄹ까요?' to finitywna końcówka czasownikowa, używana w pytaniach o opinię adresata na temat danej czynności.

Gdy temat czasownika kończy się na spółgłoskę: V + -을까요?

Gdy temat czasownika kończy się na samogłoskę: V + -ㄹ까요?

✓ 'ㄹ' kończące temat czasownika, ulega zanikowi przed '-ㄹ까요', zaś temat pozbawiony 'ㄹ' łączy się bezpośrednio z '-ㄹ까요?'.

· 먹다 → 먹을까요?   · 하다 → 할까요?   · 열다 → 열까요?

◎ 'V-(으)ㄹ까요?' używana w funkcji pierwszej osoby liczby mnogiej komunikuje propozycję wspólnego wykonania danej czynności.

같이 축구를 할까요?

내일 영화를 볼까요?

9   V-(으)ㅂ시다

Forma o funkcji zachęty (hortatywna) '-(으)ㅂ시다' to finitywna końcówka czasownikowa, która komunikuje zachętę do wspólnego wykonania danej czynności. Używana wobec adresatów równych wiekiem i pozycją społeczną z nadawcą. Nie używa się jej wobec osób starszych i wyższych rangą od nadawcy.

> Gdy temat czasownika kończy się na spółgłoskę: V + -읍시다
>
> Gdy temat czasownika kończy się na samogłoskę: V + -ㅂ시다
>
> ✓ 'ㄹ' kończące temat czasownika ulega zanikowi przed '-ㅂ시다'
>
> ・먹다 → 먹읍시다   ・하다 → 합시다   ・열다 → 엽시다

여기에서 사진을 찍읍시다.

차를 마십시다.

수프를 만듭시다.

어휘와 표현
Słownictwo
i wyrażenia

열다 otwierać	마흔 czterdzieści	장 arkusz (jednostka)
창문 okno	쉰 pięćdziesiąt	손님 gość, klient
하나 jeden	예순 sześćdziesiąt	필요하다 potrzebować
둘 dwa	일흔 siedemdziesiąt	입장권 bilet wejściowy
넷 cztery	여든 osiemdziesiąt	저쪽 tamta strona
다섯 pięć	아흔 dziewięćdziesiąt	쭉 prosto
여섯 sześć	백 sto	배 nashi (gruszka)
일곱 siedem	네 cztery	사진 zdjęcie
여덟 osiem	스무 dwadzieścia	사진을 찍다 robić zdjęcie
아홉 dziewięć	개 sztuka (jednostka)	수프 zupa
열 dziesięć	병 butelka (jednostka)	
스물 dwadzieścia	명 osoba (jednostka)	
서른 trzydzieści	권 wolumin (jednostka)	

연습 I
Ćwiczenia I

1 〈보기〉와 같이 하세요. Uzupełnij według wzoru.

보기	가다 → 가십시오
	가세요

(1) 오다 → ___________

(2) 주다 → ___________

(3) 하다 → ___________

(4) 읽다 → ___________

(5) 앉다 → ___________

(6) 받다 → ___________

2 다음처럼 물건의 수를 세어 보세요. Zapisz słownie liczbę sztuk.

1	2	3	4	5
한 개	(1) _____ 개	(2) _____ 개	네 개	(3) _____ 개

6	7	8	9	10
(4) _____ 개	일곱 개	(5) _____ 개	(6) _____ 개	열 개

3 〈보기〉와 같이 대화를 완성하세요. Dokończ dialogi według wzoru.

보기	A 사과를 몇 개 샀어요?
	B 일곱 개 샀어요. (7)

(1) A 콜라를 몇 병 샀어요?

B _______________. (2)

(2) A 커피를 몇 잔 마셨어요?

    B _______________. (1)

(3) A 빵을 몇 개 먹었어요?

    B _______________. (4)

(4) A 친구를 몇 명 만났어요?

    B _______________. (3)

4 〈보기〉와 같이 문장을 완성하세요. Dokończ zdania według wzoru.

> `보기`   <u>도서관으로</u> 가세요. (도서관)

(1) _______________ 가세요. (식당)

(2) _______________ 가세요. (서점)

(3) _______________ 오세요. (기숙사)

(4) _______________ 오세요. (강의실)

5 〈보기〉와 같이 주문해 보세요. Złóż zamówienie według wzoru.

> `보기`   콜라 + 물 → <u>콜라하고 물</u> 주세요.

(1) 빵 + 주스 → _________________ 주세요.

(2) 오렌지 + 사과 → _________________ 주세요.

(3) 주렉 + 비고스 → _________________ 주세요.

(4) 불고기 + 냉면 → _________________ 주세요.

6 〈보기〉와 같이 하세요. Uzupełnij według wzoru.

> **보기**   가다 → <u>갈까요?</u>
>   <u>갑시다</u>

(1) 보다 → ___________? (2) 사다 → ___________?

    ___________   ___________

(3) 하다 → ___________? (4) 먹다 → ___________?

    ___________   ___________

(5) 읽다 → ___________? (6) 앉다 → ___________?

    ___________   ___________

7 〈보기〉와 같이 대화를 완성하세요. Dokończ dialogi według wzoru.

> **보기** A <u>영화를 볼까요?</u> (영화, 보다)
>   B 네, 좋아요.

(1) A ___________________? (사과, 사다)

  B 네, 좋아요.

(2) A ___________________? (편지, 쓰다)

  B 네, 좋아요.

(3) A ___________________? (비고스, 먹다)

  B 네, 좋아요.

(4) A ___________________? (백화점, 가다)

  B 네, 좋아요.

8 〈보기〉와 같이 대화를 완성하세요. Dokończ dialogi według wzoru.

> 보기
>
> A 무엇을 할까요?
>
> B <u>노래를 부릅시다</u>. (노래, 부르다)

(1) A 무엇을 할까요?

B ______________________. (청소, 하다)

(2) A 무엇을 할까요?

B ______________________. (춤, 추다)

(3) A 무엇을 할까요?

B ______________________. (커피, 마시다)

(4) A 무엇을 할까요?

B ______________________. (백화점, 가다)

어휘와 표현

Słownictwo
i wyrażenia

냉면 *naengmyeon* 편지 list 청소 sprzątanie

본문 II

폴란드 사람들은 보통 아침에 샌드위치와 커피, 우유를 먹습니다. 점심에는 수프와 요리를 먹습니다. 그리고 저녁에는 소시지와 샌드위치, 계란을 먹습니다.

폴란드 사람들은 감자와 돼지고기를 많이 먹습니다. 감자전, 감자튀김을 많이 만듭니다. 돼지고기 요리는 돈가스, 갈비가 있습니다. 생선은 자주 먹지 않습니다.

폴란드 사람들은 외국 음식도 좋아합니다. 식당에서 스파게티도 먹고 피자도 먹고 햄버거도 먹습니다. 요즘은 한국 식당도 있습니다. 한국 식당에서는 불고기도 팔고 김치찌개도 팝니다.

어휘와 표현
Słownictwo i wyrażenia

보통 zwykły, zazwyczaj	돈가스 kotlet schabowy
샌드위치 kanapka	갈비 żeberka
저녁 wieczór	생선 ryba
소시지 kiełbasa	스파게티 spaghetti
계란 jajko	피자 pizza
감자 ziemniaki	요즘 ostatnio, obecnie
돼지고기 wieprzowina	팔다 sprzedawać
감자전 placki ziemniaczane	김치찌개 zupa *kimchi*
감자튀김 frytki	

김진수   어디에서 과일을 살까요?

미하우   시장에서 삽시다. 시장에서 과일을 많이 팔아요.

          *   *   *

김진수   이거는 뭐예요?

미하우   서양배예요. 아주 맛있어요.

김진수   일 킬로그램 삽시다. 사과도 있어요?

미하우   네, 있어요.

김진수   그럼 사과도 살까요?

미하우   네, 좋아요.
           아저씨, 사과는 일 킬로그램에 얼마예요?

아저씨   십 즈워티예요.

미하우   너무 비싸요. 사과는 사지 맙시다. 자두를 삽시다.
           아저씨, 서양배 일 킬로그램하고 자두 일 킬로그램
           주세요.

아저씨   여기 있어요.

미하우   모두 얼마예요?

아저씨   칠 즈워티예요.

어휘와 표현

Słownictwo
i wyrażenia

과일 owoce	얼마 ile
이거 ta rzecz	십 dziesięć
서양배 gruszka	즈워티 złoty
일 jeden	너무 za, zbyt (bardzo)
킬로그램 kilogram	칠 siedem
아저씨 pan (dorosły mężczyzna)	

문법 II
Gramatyka II

1 '*ㄹ*' 탈락   zanik '*ㄹ*'

W czasownikach i przymiotnikach o temacie zakończonym na spółgłoskę '*ㄹ*', występuje zanik wygłosowego '*ㄹ*' przed końcówkami i morfemami, które zaczynają się od '*ㄴ, ㄹ, ㅂ, ㅅ*'. Wówczas temat czasownika bez '*ㄹ*' łączy się bezpośrednio z '*-ㄹ까요?*', '*-ㅂ니다*', '*-세요*', itd.

Forma słownikowa	-아요/어요	-(으)ㄹ까요?	-습니다/ㅂ니다	-(으)세요
만들다	만들어요	만들까요	만듭니다	만드세요
살다	살아요	살까요	삽니다	사세요
알다	알아요	알까요	압니다	아세요
열다	열어요	열까요	엽니다	여세요
팔다	팔아요	팔까요	팝니다	파세요

A 김 선생님을 알아요?

B 네, 알아요.

A 문을 열까요?

B 네, 여세요.

저는 포즈난에 삽니다.

2 일/이/삼   jeden, dwa, trzy

Sinokoreańskie liczebniki główne.
Przy określaniu daty, numeru telefonu, kwoty pieniędzy zawsze używa się liczebników sinokoreańskich.

1	2	3	4	5	6	7	8	9	10
일	이	삼	사	오	육	칠	팔	구	십*
11	**12**	**13**	**14**	**15**	**16**	**17**	**18**	**19**	**20**
십일	십이	십삼	십사	십오	십육	십칠	십팔	십구	이십

일(1)	십(10)	백(100)	천(1,000)	만(10,000)
이(2)	이십	이백	이천	이만
삼(3)	삼십	삼백	삼천	삼만
사(4)	사십	사백	사천	사만
오(5)	오십	오백	오천	오만
육(6)	육십	육백	육천	육만
칠(7)	칠십	칠백	칠천	칠만
팔(8)	팔십	팔백	팔천	팔만
구(9)	구십	구백	구천	구만

십만(100,000)	백만(1,000,000)	천만(10,000,000)	억(100,000,000)
이십만(200,000)	이백만(2,000,000)	이천만(20,000,000)	이억(200,000,000)
삼십만(300,000)	삼백만(3,000,000)	삼천만(30,000,000)	삼억(300,000,000)
⋮	⋮	⋮	⋮
구십만(900,000)	구백만(9,000,000)	구천만(90,000,000)	구억(900,000,000)

전화번호	123 − 2345	일이삼의 이삼사오**
	(015)−1234−4321	공일오 일이삼사의 사삼이일***
돈	2,480원	이천사백팔십 원
건물	714 동 1205 호	칠백십사 동 천이백오 호

* Jako mnożnik dziesiątek i setek rozpoczyna się zawsze od dwóch (od liczebnika 이 − 십, 이십, 삼십, 백, 이백, 삼백).

** Wykładnik dopełniacza '의', który jest elementem wyodrębniającym w numerach telefonicznych prefiksy kraju, miasta lub dzielnicy, wymawiany jest jako [에].

*** '0' ('zero') można czytać jako '공' lub '영', ale obecnie częstsza jest wymowa '공'.

◎ 일/이/삼/사 N jeden, dwa, trzy N
Liczebniki sinokoreańskie są używane przed rzeczownikami miary, ilości oraz czasu (np. kilogram, miesiąc, dzień, nazwy jednostek monetarnych, itd). W takich połączeniach nie zmieniają one swojej postaci.

소고기 일 킬로그램을 주세요.

이 책은 이만 원이에요.

3 얼마 'ile'

'얼마' ('ile') to zaimek pytajny używany w pytaniach o liczbę bądź cenę.

A 콜라는 얼마예요?

B 오백 원입니다.

A 모두 얼마입니까?

B 모두 이만 삼천 원입니다.

4 N에 'ile za co', 'jaka cena za co'

'-에' to rzeczownikowa końcówka gramatyczna, która jest używana przy podawaniu ceny w odniesieniu do jednostkowej lub zwielokrotnionej miary towaru. Często występuje w konstrukcji typu 'N1은/는 N2에 얼마예요?' ('Ile kosztuje (np. jedna) umowna jednostka miary (czyli N2) towaru N1?'), gdzie N2 oznacza jednostkę wagi lub miary (sztuka, kilogram lub ich krotność, itp).

A 이 사과는 한 개에 얼마예요?

B 한 개에 칠백 원이에요.

A 감자는 일 킬로그램에 얼마입니까?

B 이천 원입니다.

A 소고기는 얼마예요?

B 일 킬로그램에 오만 원입니다.

5 V-지 말다 'nie rób V', 'proszę nie robić V'

'-지 말다' to analityczna forma przecząca czasownikowa, która komunikuje znaczenie zakazu wykonania czynności ('nie rób V', 'proszę nie robić V').

여기에서 사진을 찍지 마세요.

휴대전화를 켜지 마십시오.

오늘은 텔레비전을 보지 맙시다.

어휘와 표현
Słownictwo
i wyrażenia

알다 znać, wiedzieć	팔십 osiemdziesiąt
문 drzwi	구십 dziewięćdziesiąt
이 dwa	천 tysiąc
삼 trzy	만 dziesięć tysięcy
사 cztery	십만 sto tysięcy
오 pięć	백만 milion
육 sześć	천만 dziesięć milionów
팔 osiem	억 sto milionów
구 dziewięć	영 zero
이십 dwadzieścia	공 zero
삼십 trzydzieści	원 won
사십 czterdzieści	소고기 wołowina
오십 pięćdziesiąt	휴대전화 telefon komórkowy
육십 sześćdziesiąt	(휴대전화를) 켜다 włączyć (komórkę)
칠십 siedemdziesiąt	

연습 II
Ćwiczenia II

1 다음 빈칸을 채우세요. Uzupełnij poniższą tabelkę.

	-습니다/ㅂ니다	-아요/어요	-(으)ㅂ시다	-고	-(으)세요
가다	갑니다		갑시다		가세요
읽다		읽어요		읽고	
살다	삽니다	살아요			
팔다				팔고	
열다	엽니다		엽시다		여세요
만들다		만들어요		만들고	

2 다음 빈칸을 채우세요. Uzupełnij poniższą tabelkę.

1	2	3	4	5
일	(1) _____	(2) _____	사	오

6	7	8	9	10
육	(3) _____	팔	(4) _____	십

100	500	1,000	5,000	10,000
백	(5) _____	천	오천	(6) _____

3 〈보기〉와 같이 하세요. Uzupełnij według wzoru.

> **보기**
>
> 3,000 원 → 삼천 원
>
> 이백오십 즈워티 → 250 즈워티

(1) 1,200 원 → _________ 원

(2) 만 팔천 원 → _________ 원

(3) 사십오 즈워티 → _____ 즈워티

(4) 127,000 원 → __________ 원

(5) 2,060 즈워티 → __________ 즈워티

(6) 칠백 원 → ________ 원

4 〈보기〉와 같이 대화를 완성하세요. Dokończ dialogi według wzoru.

> 보기
>
> A 이 모자는 얼마예요?
>
> B <u>이십 즈워티예요</u>. (20 즈워티)

(1) A 신발은 얼마예요?

    B _____________________. (45 즈워티)

(2) A 저 가방은 얼마예요?

    B _____________________. (100 즈워티)

(3) A 우산은 얼마예요?

    B _____________________. (15 즈워티)

(4) A 그 책은 얼마예요?

    B _____________________. (33 즈워티)

5 〈보기〉와 같이 대화를 만드세요. Utwórz dialogi według wzoru.

> 보기
>
> A <u>사과는 일 킬로그램에 얼마예요?</u>
>
> B <u>삼 즈워티예요.</u>

사과, 3 즈워티

(1)　A _____________________?

    B _____________.

포도, 10,000 원

(2) A ____________________?

B _____________.

커피, 9 즈워티

(3) A ____________________?

B _____________.

Cola

콜라, 1,200 원

(4) A ____________________?

B _____________.

빵, 5 즈워티

6 〈보기〉와 같이 대화를 완성하세요. Dokończ dialogi według wzoru.

보기

A 도서관에 갈까요?

B <u>가지 맙시다</u>.

(1) A 산책을 할까요?

B _____________.

(2) A 커피를 마실까요?

B _____________.

(3) A 여기에 앉을까요?

B _____________.

(4) A 내일 만날까요?

B _____________.

7 〈보기〉와 같이 문장을 만드세요. Utwórz zdania według wzoru.

보기

사진을 찍지 마세요. (사진, 찍다)

(1) ___________________. (노래, 부르다)

(2) ___________________. (술, 마시다)

(3) ___________________. (이야기, 하다)

(4) ___________________. (음악, 듣다)

어휘와 표현
Słownictwo
i wyrażenia

모자 kapelusz, czapka 포도 winogrona 술 alkohol

연습 Ⅲ
Ćwiczenia Ⅲ

1 track 15

잘 듣고 주문한 수를 쓰세요. Wysłuchaj dialogów oraz zapisz cyframi arabskimi liczbę zamówionych rzeczy.

(1) _____________ (2) _____________ (3) _____________

2 잘 듣고 맞는 그림을 연결하세요. Wysłuchaj dialogów i połącz prawidłowo.

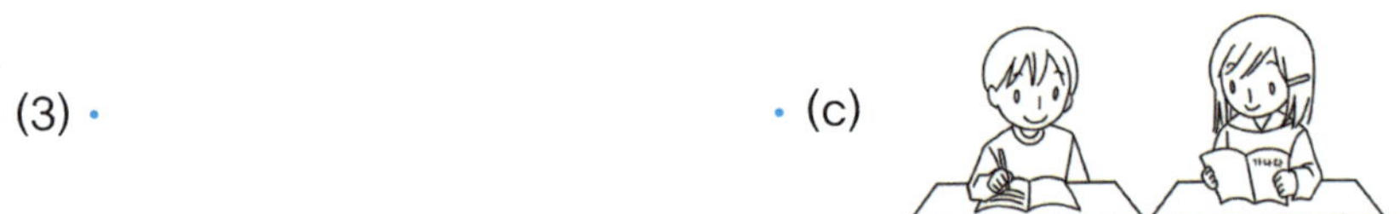

(1) •   • (a)

(2) •   • (b)

(3) •   • (c)

3 잘 듣고 질문에 답하세요. Wysłuchaj dialogu i odpowiedz na pytania.

(1) 무엇을 샀습니까? _______________

(2) 시계는 얼마입니까?
　　① 50,000 원　　② 70,000 원　　③ 90,000 원

4 주말에 친구와 무엇을 할지 계획을 세워 보세요. Zaplanuj wspólny weekend.

보기

A 주말에 무엇을 할까요?
B 영화를 봅시다.
A 어디에서 만날까요?
B 물티키노 극장에서 만납시다.

5 다음 그림을 보고 가격이 얼마인지 친구와 묻고 대답해 보세요.
Spytaj o ceny produktów przedstawionych na rysunku.

어휘와 표현

Słownictwo
i wyrażenia

어서 오세요 zapraszam(y), (proszę wejść)

맥주 piwo

시계 zegar, zegarek

물티키노 극장 Multikino

치마 spódnica

6과

대학교를 졸업하면 한국에 갈 거예요

- 자기소개 (przedstawianie się)

- 진로와 전공 (plany na przyszłość, kierunek studiów)

- 친구 (przyjaciel)

본문 I

저는 이나영입니다. 8월 15일에 한국에서 왔습니다. 제 전공은 폴란드어입니다. 폴란드어는 재미있지만 어렵습니다. 저는 폴란드에서 폴란드어를 배울 것입니다. 폴란드 문화도 알고 싶습니다. 폴란드 친구들도 많이 사귀고 싶습니다.

이나영 미하우 씨는 대학교를 졸업하면 뭐 할 거예요?

미하우 저는 한국에 갈 거예요.

이나영 한국에서 뭐 할 거예요?

미하우 한국어를 공부할 거예요.

이나영 한국어 공부가 끝나면 뭐 할 거예요?

미하우 한국 회사에 취직할 거예요.

어휘와 표현
Słownictwo
i wyrażenia

월 miesiąc

일 dzień

문화 kultura

사귀다 zaprzyjaźnić (się)

졸업하다 ukończyć szkołę

끝나다 kończyć się

회사 firma

취직하다 zatrudnić się

1 8월 15일(팔월 십오일)

W języku koreańskim występują dwa rodzaje liczebników: rodzime i sinokoreańskie. Do podawania daty (dzień, miesiąc, rok) używane są liczebniki sinokoreańskie.

1일(일일), 2일(이일), 3일(삼일) …

1월(일월), 2월(이월), 3월(삼월), 4월(사월), 5월(오월), 6월(유월),
7월(칠월), 8월(팔월), 9월(구월), 10월(시월), 11월(십일월), 12월(십이월)

1980년(천구백팔십년), 1992년(천구백구십이년), 2007년(이천칠년) …

1988년 7월 25일	천구백팔십팔년 칠월 이십오일
2012년 6월 13일	이천십이년 유월 십삼일

2 V-(으)ㄹ 것입니다

Konstrukcja gramatyczna używana do wyrażania chęci lub woli zrobienia CZEGO w przyszłości. Używana jest w sytuacjach formalnych.

Gdy temat czasownika kończy się na spółgłoskę: V + -을 것입니다

Gdy temat czasownika kończy się na samogłoskę: V + -ㄹ 것입니다

√ '%ㄹ' kończące temat czasownika ulega zanikowi przed 'ㄹ 것입니다', a temat bez 'ㄹ' łączy się bezpośrednio z 'ㄹ 것입니다'.

· 먹다 → 먹을 것입니다
· 자다 → 잘 것입니다
· 만들다 → 만들 것입니다

한국에서 친구하고 같이 사진을 찍을 것입니다.

내년에 한국에 갈 것입니다.

지금 샌드위치를 만들 것입니다.

3 V-고 싶다 'chcieć zrobić CO'

Forma 'V-고 싶다' 'chcę/chcesz coś zrobić' łączy się bezpośrednio z tematem czasownika i wyraża chęć wykonania czynności przez nadawcę (w formie oznajmującej) lub przez adresata wypowiedzi (w formie pytajnej).

영화를 보고 싶어요.

한국 식당에 가고 싶어요.

일본어를 공부하고 싶어요.

A 진수 씨, 한국 음식을 먹고 싶어요?
B 네, 먹고 싶어요.

4 Z1-(으)면 Z2 'jeśli Z1 to Z2'

'-(으)면' jest to końcówka niefinitywna, dodawana do tematu czasowników lub przymiotników. Wyraża znaczenie warunkowości lub przypuszczenia odnoszącego się do przyszłości 'jeśli, jak'.

Gdy temat czasownika kończy się na spółgłoskę: V + -으면

Gdy temat czasownika kończy się na samogłoskę: V + -면

√ 'ㄹ' kończące temat czasownika lub przymiotnika nie ulega zanikowi przed '면': V + -면

・받다 → 받으면　　・가다 → 가면　　・불다 → 불면

편지를 받으면 전화하세요.　　　가방이 작으면 새로 사세요.

배가 아프면 병원에 가세요.　　　책이 필요하면 도서관에 가요.

바람이 불면 시원해요.　　　창문을 열면 추워요.

5　V-(으)ㄹ 거예요

Konstrukcja gramatyczna stosowana dla wyrażenia chęci, woli zrobienia czegoś w przyszłości. 'V-(으)ㄹ 거예요' zazwyczaj jest używana w mniej formalnych sytuacjach niż 'V-(으)ㄹ 것입니다'.

> Gdy temat czasownika kończy się na spółgłoskę: V + -을 거예요
>
> Gdy temat czasownika kończy się na samogłoskę: V + -ㄹ 거예요
>
> ✓ Gdy temat czasownika kończy się na 'ㄹ', 'ㄹ' zanika, a temat bez 'ㄹ' łączy się bezpośrednio 'ㄹ 거예요'.
>
> - 먹다 → 먹을 거예요　　　· 자다 → 잘 거예요
> - 만들다 → 만들 거예요

전주에 가면 비빔밥을 먹을 거예요.

친구하고 같이 사진을 찍을 거예요.

내년에 한국에 갈 거예요.

다음 목요일에 친구하고 같이 시험 준비를 할 거예요.

지금 샌드위치를 만들 거예요.

어휘와 표현
Słownictwo
i wyrażenia

년 rok	배 brzuch
내년 przyszły rok	아프다 boleć
일본어 język japoński	바람 wiatr
불다 wiać, dmuchać	다음 następny, kolejny
전화하다 dzwonić, telefonować	준비 przygotowanie
새로 na nowo	

연습 I
Ćwiczenia I

1 〈보기〉와 같이 대화를 완성하세요. Dokończ dialogi według wzoru.

보기

A 오늘은 며칠이에요?

B 십일월 삼일이에요. (11월 3일)

(1) A 오늘은 며칠이에요?

B _____________________. (3월 27일)

(2) A 오늘은 며칠이에요?

B _____________________. (8월 15일)

(3) A 오늘은 며칠이에요?

B _____________________. (6월 26일)

(4) A 오늘은 며칠이에요?

B _____________________. (10월 11일)

2 〈보기〉와 같이 하세요. Uzupełnij według wzoru.

보기

가다 → 갈 것입니다

갈 거예요

(1) 자다 → ___________

(2) 먹다 → ___________

(3) 읽다 → ___________

(4) 쉬다 → ___________

(5) 만들다 → ___________

(6) 살다 → ___________

3 〈보기〉와 같이 하세요. Uzupełnij według wzoru.

> 보기   가다 → <u>가고 싶어요</u>

(1) 보다 → ____________   (2) 자다 → ____________

(3) 쓰다 → ____________   (4) 읽다 → ____________

(5) 앉다 → ____________   (6) 만들다 → ____________

4 〈보기〉와 같이 문장을 만드세요. Utwórz zdania według wzoru.

> 보기
>
> 도서관에 가다 + 책을 빌리다 → <u>도서관에 가면 책을 빌려요</u>.

(1) 친구를 만나다 + 영화를 보다 → __________________________.

(2) 시간이 없다 + 밥을 안 먹다 → __________________________.

(3) 날씨가 덥다 + 수영을 하다 → __________________________.

(4) 바람이 불다 + 창문을 닫다 → __________________________.

5 〈보기〉와 같이 대화를 만드세요. Utwórz dialogi według wzoru.

> 보기
>
> A 오늘 저녁에 뭐 할 거예요? (오늘 저녁)
>
> B <u>친구를 만날 거예요</u>. (친구, 만나다)

(1) A ______________________________? (주말)

    B ______________________________. (한국어, 공부하다)

(2) A ______________________________? (방학)

    B ______________________________. (여행, 하다)

(3) A ______________________________? (다음 주)

   B ______________________________. (고향, 가다)

(4) A ______________________________? (내일)

   B ______________________________. (영화, 보다)

어휘와 표현
Słownictwo
i wyrażenia

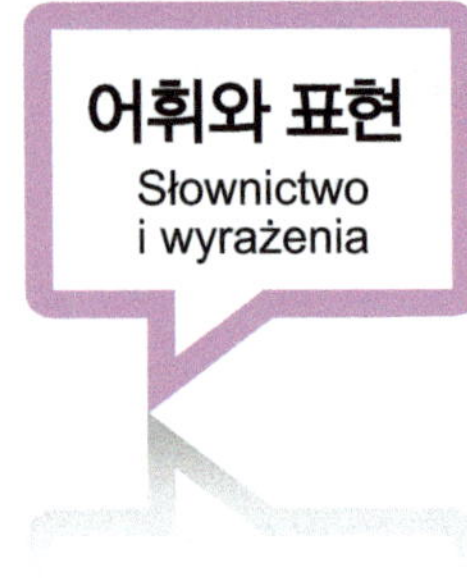

며칠 kilka dni, który dzień (pytanie o datę)

시간 czas

닫다 zamykać

여행 podróż

주 tydzień

고향 strony rodzinne

본문 II

에밀리아	진수 씨 전공은 폴란드어지요?
김진수	네, 폴란드어예요.
에밀리아	어디에서 폴란드어를 배웠어요?
김진수	대학교에서 배웠어요.
에밀리아	영석 씨 전공도 폴란드어지요?
박영석	아니요. 저는 피아노를 전공해요.
에밀리아	그래요? 저도 피아노를 배우고 싶어요.

오늘 영석 씨를 만났습니다. 영석 씨는 진수 씨의 친구입니다. 영석 씨는 폴란드에서 피아노를 전공합니다. 우리는 시내에서 만나서 커피숍에 갔습니다. 커피숍에서 커피를 마시고 영석 씨의 연습실에 갔습니다. 연습실에서 영석 씨는 피아노를 쳤습니다. 그리고 우리는 같이 한국 식당에 가서 저녁을 먹었습니다.

어휘와 표현

Słownictwo
i wyrażenia

피아노 pianino, fortepian

그래요 naprawdę, rzeczywiście

전공하다 specjalizować się w CZYM,
studiować CO

연습실 sala ćwiczeniowa

치다 grać na instrumencie

문법 II
Gramatyka II

1 N-(이)지요? 'prawda?', 'czy nie tak?', 'czy nie mam racji?'

'N-(이)지요?' jest używana w pytaniach połączonych z przekonaniem mówiącego o prawdziwości jego założeń. Po polsku odpowiadają temu wyrażenia dodane do pytania typu: 'prawda?', 'czy nie tak?', 'czy nie mam racji?', które mają skłonić adresata do potwierdzenia prawdziwości założeń nadawcy.

Gdy rzeczownik kończy się na spółgłoskę: N + -이지요?

Gdy rzeczownik kończy się na samogłoskę: N + -지요?

- 월요일 + -이지요? → 월요일이지요?

- 학교 + -지요? → 학교지요?

여기가 진수 씨 방이지요?

오늘이 월요일이지요?

저기는 진수 씨 학교지요?

그것은 귤이지요?

◎ W mowie potocznej forma '-지요' jest skracana do postaci '-죠'

김진수 씨죠?

여기는 강의실이죠?

폴란드는 지금 방학이죠?

2 그래요? 'Naprawdę?', 'Tak?', 'Rzeczywiście?'

'그래요?' ('Naprawdę?', 'Tak?', 'Rzeczywiście?') to wyrażenie podtrzymujące kontakt z mówiącym jako reakcja na jego stwierdzenie, otwierająca miejsce na akceptację lub solidarność.

A 저는 한국 영화를 좋아해요.

B 그래요? 저도 한국 영화를 좋아해요.

A 저는 비빔밥을 좋아해요.

B 그래요? 저는 불고기를 좋아해요.

3 Z1-아서/어서 Z2

'-아서/어서' to końcówka niefinitywna, która komunikuje następstwo (zgodnie z szykiem zdaniowym) dwóch czynności powiązanych ze sobą sytuacyjnie i wykonywanych przez ten sam podmiot.

1. Gdy ostatnia samogłoska tematu czasownika to 'ㅏ / ㅗ' : V + -아서

· 가다 → 가서　　· 오다 → 와서　　· 받다 → 받아서

백화점에서 과일을 사서 먹었어요.

시장에 가서 과일을 사세요.

우리는 서울에 와서 만났어요.

수업 계획표를 받아서 가세요.

2. Czasowniki złożone zawierające '-하다' przyjmują postać '-해서'.

· 공부하다 → 공부해서

내일 시험이에요. 공부해서 오세요.

조금 더 생각해서 대답하세요.

3. W pozostałych przypadkach: V + -어서

· 사다 → 사서   · 밀다 → 밀어서   · 만들다 → 만들어서

빵을 사서 오세요.

이 문은 옆으로 밀어서 열어요.

비빔밥을 만들어서 먹어요.

◎ Jeśli, w takiej konstrukcji, temat czasownika kończy się na samogłoskę to jedna z samogłosek zanika lub powstaje dyftong (samogłoska podwójna).

◎ Przed '-아서/어서' nigdy nie występuje morfem '-았/었-'.

시장에 갔어서(×) 과일을 샀어요.
　　　가서(○)

어휘와 표현
Słownictwo
i wyrażenia

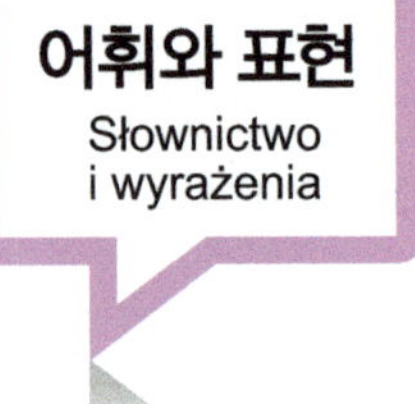

귤 mandarynka	생각하다 myśleć
수업 zajęcia	대답하다 odpowiadać
계획표 plan, rozkład	밀다 popychać
더 bardziej	

연습 II
Ćwiczenia II

1 〈보기〉와 같이 대화를 완성하세요. Dokończ dialogi według wzoru.

> 보기
>
> A 저 사람은 한국 사람이지요? (저 사람, 한국 사람)
>
> B 네, 한국 사람이에요. / 아니요, 한국 사람이 아니에요.

(1) A ________________________? (미하우 씨, 학생)

    B 네, ________________.

(2) A ________________________? (이것, 프린터)

    B 네, ________________.

(3) A ________________________? (저기, 도서관)

    B 아니요, ________________.

(4) A ________________________? (시험, 다음 주)

    B 아니요, ________________.

2 〈보기〉와 같이 문장을 만드세요. Utwórz zdania według wzoru.

> 보기
>
> 시장에 가요. + 과일을 사요. → 시장에 가서 과일을 사요.

(1) 극장에 가요. + 영화를 봐요. → ________________________.

(2) 친구를 만나요. + 밥을 먹어요. → ________________________.

(3) 우체국에 갔어요. + 편지를 부쳤어요. → ________________________.

(4) 공원에 갔어요. + 운동을 했어요. → ________________________.

어휘와 표현
Słownictwo
i wyrażenia

프린터 drukarka

부치다 wysyłać, nadawać (np. list)

연습 Ⅲ
Ćwiczenia Ⅲ

 **track 18**

1 잘 듣고 질문에 답하세요. Wysłuchaj dialogu i odpowiedz na pytania.

(1) 파베우가 방학에 할 일을 모두 고르세요.
Zaznacz to, co Paweł będzie robił w czasie wakacji.

① 사진을 찍을 거예요.　　② 책을 읽을 거예요.

③ 수영을 배울 거예요.　　④ 쇼핑을 할 거예요.

(2) 내용과 같으면 O, 다르면 X 하세요.
Wysłuchaj dialogu. Oznacz symbolem „O" zdania zgodne z treścią
dialogu, symbolem „X" – zdania nieprawdziwe.

① 나영 씨 집은 프랑스에 있어요. (　　　)

② 나영 씨는 방학에 여행을 할 거예요. (　　　)

2 잘 듣고 이 사람이 오늘 무엇을 했는지 순서대로 번호를 쓰세요.
Wysłuchaj tekstu i zaznacz kolejność wykonywanych czynności.

(　　) – (　　) – (　　) – (　　) – (　　)

① 밥을 먹었어요.　　② 친구를 만났어요.

③ 운동을 했어요.　　④ 영화를 봤어요.

⑤ 공부를 했어요.

3 친구의 생일을 물어보고 생일에 무엇을 하고 싶은지 이야기해 보세요.
Zapytaj się kolegi, kiedy ma urodziny i co chce robić w dniu urodzin.

보기

A 생일이 언제예요?

B 9월 25일이에요.

A 생일에 뭐 하고 싶어요?

B 친구하고 영화 보고 싶어요.

A 무슨 선물을 받고 싶어요?

B 시계를 받고 싶어요.

4 친구들과 앞으로 무엇을 할 건지 이야기해 보세요.
Zapytaj się kolegów i koleżanek, co będą robić.

보기

A 내일 뭐 할 거예요?

B 집에서 쉴 거예요.

	나		
내일 뭐 할 거예요?			
주말에 뭐 할 거예요?			
방학에 뭐 할 거예요?			
졸업하면 뭐 할 거예요?			

어휘와 표현
Słownictwo
i wyrażenia

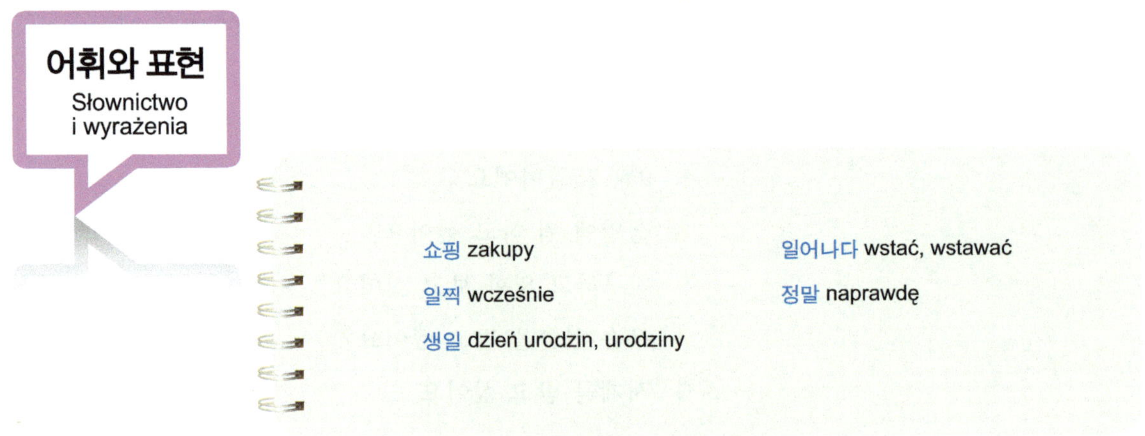

쇼핑 zakupy

일찍 wcześnie

생일 dzień urodzin, urodziny

일어나다 wstać, wstawać

정말 naprawdę

7과

몇 시에 만날까요?

- 약속 (spotkanie)

- 일상생활 (życie codzienne)

- 교통수단 (środki transportu)

본문 I

김진수 에밀리아 씨, 내일 우리 같이 영화 볼까요?

에밀리아 미안해요. 내일은 바빠요. 아르바이트 해야 돼요.

김진수 그럼 토요일은 어때요?

에밀리아 좋아요. 몇 시에 만날까요?

김진수 세 시에 만납시다.

에밀리아 제가 두 시 삼십 분에 약속이 있어요.
　　　　 네 시는 어때요?

김진수 좋아요.

내일은 목요일입니다. 목요일에 나는 아주 바쁩니다. 한국어 수업도 들어야 하고 숙제도 해야 합니다. 그리고 저녁에는 아르바이트를 해야 합니다. 아르바이트는 밤 열 시쯤에 끝납니다. 아르바이트가 끝나면 아주 피곤합니다. 그렇지만 나는 집에 가서 한국어를 공부합니다. 한국어 공부가 정말 재미있습니다.

어휘와 표현
Słownictwo i wyrażenia

미안하다 przepraszać	분 minuta
바쁘다 być zajętym	약속 spotkanie
아르바이트 praca dorywcza	밤 noc
시 godzina	쯤 około

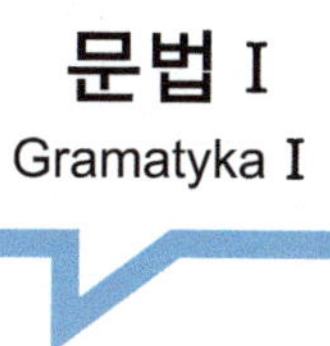

1 '으' 탈락   opuszczanie '으'

Temat czasownikowy lub przymiotnikowy zakończony na samogłoskę '으' traci ją, gdy kolejna dodawana końcówka lub morfem zaczyna się od samogłoski '아/어'. Wówczas temat czasownika lub przymiotnika łączy się bezpośrednio z '-아요/어요', '-았어요/었어요', itd.

Forma słownikowa	-습니다/ㅂ니다	-아요/어요	-았어요/었어요
기쁘다	기쁩니다	기뻐요	기뻤어요
바쁘다	바쁩니다	바빠요	바빴어요
슬프다	슬픕니다	슬퍼요	슬펐어요
쓰다	씁니다	써요	썼어요
아프다	아픕니다	아파요	아팠어요

어제 머리가 아팠어요.

어제는 날씨가 나빴어요.

오늘은 좀 바빠요.

2   V-아야/어야 되다, V-아야/어야 하다
'należy', 'trzeba', 'KTO musi robić CO'

Analityczna konstrukcja '-아야/어야 되다/하다' ('należy', 'trzeba', 'KTO musi robić CO') wyraża znaczenie konieczności lub przymusu wykonania czynności.

1. Gdy temat czasownika kończy się na samogłoskę 'ㅏ/ㅗ':
   V + -아야 되다/하다

- 가다 → 가야 되다/하다
- 보다 → 봐야 되다/하다
- 받다 → 받아야 되다/하다

오늘은 영화를 봐야 돼요.

비자를 받아야 합니다.

내일 서울에 가야 됩니다.

2. Gdy czasownik używany w tej konstrukcji zawiera czasownik posiłkowy '-하다': -해야 되다/하다

- 공부하다 → 공부해야 되다/하다
- 구경하다 → 구경해야 되다/하다

내일 시내를 구경해야 돼요.

지금 출발해야 합니까?

3. Gdy temat czasownika kończy się na inną samogłoskę niż ' ㅏ / ㅗ': V + -어야 되다/하다

- 먹다 → 먹어야 되다/하다
- 바꾸다 → 바꿔야 되다/하다

점심을 먹어야 됩니다.

돈을 바꿔야 합니다.

편지를 써야 해요.

◎ Kiedy w takiej konstrukcji następują po sobie dwie samogłoski to jedna z nich zanika lub obie przekształcają się w dyftong (samogłoskę podwójną).

3 두 시 삼십 분 druga trzydzieści (2:30)

Komunikowanie czasu (godzin i minut). '시' ('godzina') jako jednostka miary czasu wymaga przed sobą liczebników rodzimych, zaś '분' ('minuta') – sinokoreańskich.

세 시 십 분

다섯 시 삼십 분
= 다섯 시 반

열 두 시 사십오 분
= 한 시 십오 분 전

A 지금 몇 시예요?

B 네 시 이십 분입니다.

열한 시 삼십 분입니다.

수업은 아홉 시에 시작합니다.

◎ W pytaniach o godzinę używa się pytajnika '몇 시에' ('o której godzinie')
bądź ogólniejszego pytajnika '언제' ('kiedy').

A 몇 시에 학교에 가요?   A 언제 도서관에 갑니까?

B 9시에 갑니다.   B 오후에 갑니다.

A 언제 저녁을 먹습니까?

B 8시에 먹습니다.

어휘와 표현

Słownictwo
i wyrażenia

기쁘다 być zadowolonym	바꾸다 zmieniać, wymieniać
슬프다 być smutnym	돈 pieniądze
나쁘다 być złym	반 połowa
비자 wiza	전 przed
출발하다 wyruszać	시작하다 zaczynać

연습 I
Ćwiczenia I

1 다음 빈칸을 채우세요. Uzupełnij poniższą tabelkę.

	-습니다/ㅂ니다	-아요/어요	-았어요/었어요	-지만
쓰다	씁니다	써요	썼어요	쓰지만
바쁘다				
예쁘다				
크다				
아프다				

2 〈보기〉와 같이 하세요. Uzupełnij według wzoru.

> 보기   가다 → <u>가야 돼요</u>
>
>   <u>가야 해요</u>

(1) 자다 → ___________

(2) 먹다 → ___________

(3) 읽다 → ___________

(4) 쉬다 → ___________

(5) 쓰다 → ___________

(6) 만들다 → ___________

3 〈보기〉와 같이 대화를 만드세요. Utwórz dialogi według wzoru.

> 보기   A 무엇을 <u>해야 됩니까</u>? (무엇, 하다)
>
>   B <u>아르바이트를 해야 됩니다</u>. (아르바이트, 하다)

(1) A _________________________? (무슨 책, 읽다)

    B _________________________. (저 책, 읽다)

(2) A _________________________? (무엇, 하다)

    B _________________________. (보고서, 쓰다)

(3) A _________________________? (무엇, 만들다)

    B _________________________. (폴란드 음식, 만들다)

(4) A _________________________? (어디, 가다)

    B _________________________. (도서관, 가다)

4 〈보기〉와 같이 몇 시 몇 분인지 써 보세요. Napisz według wzoru.

| 보기 | 3:10 → 세 시 십 분 |

(1) 5:30 → _____ 시 _____ 분

(2) 7:40 → _____ 시 _____ 분

(3) 12:05 → _____ 시 _____ 분

(4) 2:25 → _____ 시 _____ 분

5 〈보기〉와 같이 대화를 완성하세요. Dokończ dialogi według wzoru.

보기

A 몇 시에 <u>일어나요</u>?　(일어나다)

B <u>일곱 시에 일어나요</u>.　(7:00)

(1) A　몇 시에 ________________? (학교에 가다)

B　________________. (8:30)

(2) A　몇 시에 ________________? (수업이 끝나다)

B　________________. (11:50)

(3) A　몇 시에 ________________? (친구를 만나다)

B　________________. (3:15)

(4) A　몇 시에 ________________? (밥을 먹다)

B　________________. (6:00)

보고서 praca końcowa, raport

본문 II

미하우	진수 씨, 숙제 다 했지요?
김진수	네, 다 했어요.
미하우	그럼 우리 같이 저녁 먹을까요?
김진수	네, 좋아요. 뭘 먹을까요?
미하우	한국 음식을 먹읍시다.
김진수	그럼 오늘 우리 집에 가서 저녁을 먹읍시다. 같이 비빔밥을 만들어서 먹읍시다.
미하우	좋아요.

김진수	미하우 씨, 물티키노 극장 알지요?
미하우	물론이지요.
김진수	물티키노 극장에 어떻게 가요?
미하우	기숙사 앞에서 버스를 타세요. 그리고 백화점 앞에서 내리세요.
김진수	여기에서 가까워요?
미하우	네, 가까워요. 버스를 타면 여기에서 극장까지 10분쯤 걸려요. 물티키노 극장에서 무슨 영화를 볼 거예요?
김진수	'배트맨'을 볼 거예요. 에밀리아 씨하고 같이 볼 거예요. 미하우 씨도 영화를 좋아해요?
미하우	네, 아주 좋아해요.
김진수	그러면 우리하고 같이 가요.
미하우	좋아요.

어휘와 표현
Słownictwo
i wyrażenia

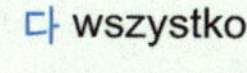

다 wszystko	내리다 wysiadać
어떻게 jak, w jaki sposób	까지 do
버스 autobus	걸리다 trwać (ILE CZASU)
타다 wsiadać, jechać	

문법 II
Gramatyka II

1 V/A-지요? 'prawda?', 'czy nie tak?', 'czy nie mam racji?'

'V/A-지요?' jest używana w pytaniach połączonych z przekonaniem mówiącego o prawdziwości jego założeń. Po polsku odpowiadają temu wyrażenia dodane do pytania typu: 'prawda?', 'czy nie tak?', 'czy nie mam racji?', które mają skłonić adresata do potwierdzenia prawdziwości założeń nadawcy.

오늘 춥지요?

겨울에는 눈이 오지요?

안나는 한국어를 배우지요?

◎ W czasie przeszłym używana jest forma 'V/A-았지요/었지요?'.

어제 비가 왔지요?

불고기가 맛있었지요?

수업이 열 시에 시작했지요?

2 어떻게 'jak', 'w jaki sposób'

'어떻게' ('jak', 'w jaki sposób') to przysłowny zaimek pytajny, używany w pytaniach o sposób wykonania czynności.

이 글자는 어떻게 읽어요?

기차역에 어떻게 가요?

창문을 어떻게 열어요?

3 N1에서 N2까지   'od N1 do N2'

'N1에서 N2까지' 'od N1 do N2' to konstrukcja komunikująca granice lokalizacji przestrzennej lub graniczne punkty przemieszczania, czyli 'od – do', 'z – do'.

N에서 - punkt wyjściowy   N까지 - punkt docelowy

학교에서 집까지 얼마나 걸려요?

도서관까지 같이 갈까요?

바르샤바에서 서울까지 갑니다.

4 N이/가 걸리다   'CO zabiera ILE CZASU', 'CO trwa ILE CZASU', 'CO wymaga ILE CZASU'

Wyrażenie to komunikuje znaczenie czasochłonności (czas niezbędny do wykonania czynności).

여기에서 도서관까지 십 분 걸려요.*

A 시간이 얼마나 걸려요?
B 네 시간 삼십 분이 걸려요.

비행기를 타면 바르샤바에서 서울까지 열 시간쯤 걸려요.

* Liczebniki występują zawsze przed rzeczownikowymi jednostkami czasu (godziny i minuty). Liczba wymaganych godzin podawana jest za pomocą liczebników rodzimych, zaś liczba wymaganych minut – sinokoreańskich.

어휘와 표현
Słownictwo
i wyrażenia

겨울 zima	기차역 stacja kolejowa
눈 śnieg	비행기 samolot
글자 litery	얼마나 ile

연습 II
Ćwiczenia II

1 〈보기〉와 같이 대화를 완성하세요. Dokończ dialogi według wzoru.

보기
A 학교에 <u>가지요</u>? (학교, 가다)
B 네, <u>가요</u>. / 아니요, <u>안 가요</u>.

(1) A ________________________? (한국어, 배우다)

B 네, ________________________.

(2) A ________________________? (음악, 좋아하다)

B 아니요, ________________________.

(3) A ________________________? (학교, 멀다)

B 네, ________________________.

(4) A ________________________? (머리, 아프다)

B 아니요, ________________________.

2 〈보기〉와 같이 대화를 완성하세요. Dokończ dialogi według wzoru.

보기
A 미하우 씨를 <u>만났지요</u>? (미하우 씨, 만나다)
B 네, <u>만났어요</u>. / 아니요, <u>안 만났어요</u>.

(1) A ________________________? (점심, 먹다)

B 네, ________________________.

(2) A ________________________? (이 책, 읽다)

B 아니요, ________________________.

(3) A ______________________? (날씨, 좋다)

B 네, ______________________.

(4) A ______________________? (시험, 어렵다)

B 아니요, ______________________.

3 〈보기〉와 같이 대화를 완성하세요. Dokończ dialogi według wzoru.

보기
A 학교에서 기숙사까지 얼마나 걸려요? (학교, 기숙사)
B 삼십 분 걸려요. (30분)

(1) A ______________________? (시장, 집)

B ______________________. (1시간)

(2) A ______________________? (극장, 식당)

B ______________________. (10분)

(3) A ______________________? (집, 백화점)

B ______________________. (40분)

(4) A ______________________? (폴란드, 한국)

B ______________________. (13시간)

연습 Ⅲ
Ćwiczenia Ⅲ

track 21

1 잘 듣고 시간을 쓰세요. Wysłuchaj dialogów i zapisz dokładny czas.

(1) ___시 ___분

(2) ___시 ___분

(3) ___시 ___분

(4) ___시 ___분

2 잘 듣고 질문에 답하세요. Wysłuchaj opowiadania i odpowiedz na pytania.

(1) 파베우 씨 집은 어디에 있어요? Gdzie jest dom Pawła?

① 도서관 앞　　② 극장 옆　　③ 백화점 옆

(2) 내용과 같으면 O, 다르면 X 하세요.
Wysłuchaj dialogu. Oznacz symbolem „O" zdania zgodne z treścią dialogu, symbolem „X" – zdania nieprawdziwe.

① 나영 씨는 7시에 파베우 씨 집에 갈 거예요. (　　　　)

② 진수 씨는 오늘 아르바이트를 해야 돼요. (　　　　)

3 이번 주에 무엇을 해야 하는지 써 보고 친구와 이야기해 보세요.
Napisz, co musisz zrobić w tym tygodniu i porozmawiaj o tym.

보기	A 월요일에 뭐 해야 돼요?
	B 수업 끝나고 친구를 만나야 돼요.

일요일	
월요일	
화요일	

수요일	
목요일	
금요일	
토요일	

4 〈보기〉와 같이 이야기해 보세요. Porozmawiaj, wzorując się na poniższych przykładach.

보기 A 바르샤바에서 크라쿠프까지 얼마나 걸려요?

B 기차를 타면 두 시간 걸려요.

학교, 기숙사, 백화점, 극장, 바르샤바, 크라쿠프, 폴란드, 프랑스, 한국

버스, 기차, 트램, 택시, 비행기, 걸어서

어휘와 표현
Słownictwo
i wyrażenia

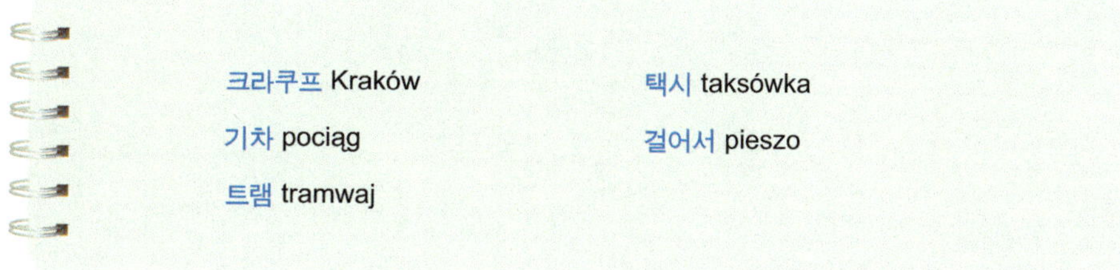

크라쿠프 Kraków 택시 taksówka

기차 pociąg 걸어서 pieszo

트램 tramwaj

우리 가족은 모두 다섯 명이에요

- 가족 (rodzina)

- 고향 (miejsce urodzenia, strony rodzinne)

본문 I

미하우   어서 들어와요. 여기가 내 방이에요. 
김진수   와! 방이 정말 깨끗해요.
미하우   여기 앉으세요.
김진수   고맙습니다. 아! 이거 미하우 씨 가족사진이에요?
미하우   네. 우리 가족은 모두 다섯 명이에요.
김진수   이분은 누구세요?
미하우   우리 할아버지세요.
김진수   이분이 아버지세요?
미하우   네, 우리 아버지세요. 회사에 다니세요.
김진수   이 사람은 미하우 씨 여동생이지요?
미하우   아니요, 누나예요.
김진수   아, 그래요? 정말 예뻐요.

미하우   진수 씨, 이번 주말에 바빠요? 
김진수   아니요, 안 바빠요.
미하우   그럼 토요일에 제 고향에 같이 가요.
김진수   미하우 씨 고향이 어디예요?
미하우   크라쿠프예요.
김진수   아, 그래요? 저도 크라쿠프에 가고 싶었어요.
미하우   그럼 토요일 아침 여덟 시에 만날까요?
김진수   네, 좋아요. 어디에서 만날까요?
미하우   기숙사 앞에서 만나요.

어휘와 표현

Słownictwo i wyrażenia

어서 proszę, szybko	고맙다 dziękować	다니다 uczęszczać (DO SZKOŁY), pracować (W)
들어오다 wchodzić	가족사진 zdjęcie rodzinne	
어서 들어와요 proszę wejść	이분 ta osoba	여동생 młodsza siostra
와 wow (wykrzyknik)	할아버지 dziadek	누나 starsza siostra

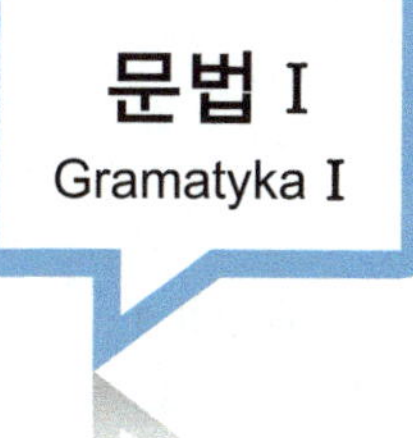

문법 I
Gramatyka I

1 V-아요/어요 jako rozkaźnik

Końcówka finitywna '-아요/어요' w funkcji rozkaźnika jest dodawana wyłącznie do tematu czasownikowego i komunikuje grzeczny rozkaz, polecenie, prośbę.

빨리 가요.

선물이에요. 이거 받아요.

김진수 씨, 내일 학교에서 기다려요.

2 이분, 저분, 그분 'ta osoba (ten pan, ta pani), tamta osoba (tamten pan, tamta pani)'

'이분', '저분', '그분' to honoryfikatywnie wywyższające zaimki trzeciej osoby zawierające zaimki wskazujące '이', '그', '저' i tym samym wskazujące osoby usytuowane w obrębie sfery nadawcy, adresata lub poza nimi. Ich neutralnymi (lub poufałymi) odpowiednikami są analogiczne połączenia zawierające '사람' 'człowiek': '이 사람', '저 사람', '그 사람' 'on, ona'.

이분: '이분' używane jest na określenie osoby znajdującej się bliżej mówiącego (w sferze nadawcy), do której nadawca odnosi się z szacunkiem.

저분: '저분' stosowane jest na określenie osoby znajdującej się dalej zarówno od nadawcy jaki i odbiorcy, do której nadawca odnosi się z szacunkiem.

그분: '그분' używane jest w funkcji anaforycznej, czyli na określenie osoby, o której była mowa uprzednio i do której nadawca odnosi się z szacunkiem.

이분은 한국어 선생님이에요.

저분은 누구예요?

A 어제 김 선생님이 우리 집에 왔어요.
B 그분이 김 선생님이에요?

3 V/A-(으)시-

Morfem '-(으)시-' łączy się z tematem czasownika lub przymiotnika i komunikuje szacunek w stosunku do bohatera wypowiedzi (honoryfikatywność w stosunku do podmiotu zdania).

> Gdy temat czasownika lub przymiotnika kończy się na spółgłoskę (poza 'ㄹ'): V/A + -으시-
>
> Gdy temat czasownika lub przymiotnika kończy się na samogłoskę: V/A + -시-
>
> ✓ Gdy temat czasownika lub przymiotnika kończy się na 'ㄹ', 'ㄹ' zanika, a temat bezpośrednio łączy się z '-시-'.
>
> · 읽다 → 읽으시다   · 가다 → 가시다   · 알다 → 아시다

동생은 내일 한국에 갑니다. → 선생님은 내일 한국에 가십니다.

동생은 내일 한국에 갑니까? → 선생님은 내일 한국에 가십니까?

선생님은 신문을 읽으십니다.

부모님은 커피를 좋아하십니다.

◎ Gdy morfem '-(으)시-' łączy się z morfemem czasu przeszłego '-었-' to wówczas tworzy formę '-셨-'.

형은 출근했어요. → 아버지는 출근하셨어요.

진수 씨는 한국에 갔어요. → 선생님은 한국에 가셨어요.

나는 그 책을 읽었습니다. → 할머니는 그 책을 읽으셨습니다.

친구가 왔어요. → 부모님이 오셨습니다.

V/A-(으)세요

Końcówka finitywna 'V/A-(으)세요' jest używana zamiast 'V/A-아요/어요' w sytuacjach, gdy podmiotem zdania jest osoba starsza od nadawcy lub mająca wyższą pozycję społeczną.

> Gdy temat czasownika lub przymiotnika kończy się na spółgłoskę (z wyjątkiem 'ㄹ'): V/A + -으세요.
>
> Gdy temat czasownika lub przymiotnika kończy się na samogłoskę: V/A + -세요.
>
> ✓ Gdy temat czasownika lub przymiotnika kończy się na 'ㄹ' to 'ㄹ' zanika przed '-세요', a temat bez 'ㄹ' łączy się bezpośrednio z '-세요'.
>
> - 가다 → 가세요
> - 잡다 → 잡으세요
> - 팔다 → 파세요
> - 크다 → 크세요
> - 좋다 → 좋으세요
> - 울다 → 우세요

형은 회사에 다녀요. → 아버지는 회사에 다니세요.

그 친구는 친절해요. → 선생님은 친절하세요.

동생은 키가 작아요. → 할머니는 키가 작으세요.

◎ W zależności od intonacji końcówka 'V/A-(으)세요' może występować w pytaniu, rozkazie bądź w zdaniu twierdzącym.

여기 앉으세요.　　　　　다음 주에 또 오세요.

지금 출근하세요?　　　　회사에 다니세요?

N-(이)세요

Końcówka finitywna 'N-(이)세요' jest używana zamiast 'N이에요/예요' w sytuacjach, gdy podmiotem zdania jest osoba starsza od nadawcy lub mająca wyższą pozycję społeczną.

Gdy rzeczownik kończy się na spółgłoskę: N + -이세요

Gdy rzeczownik kończy się na samogłoskę: N + -세요

· 선생님 + -이세요 → 선생님이세요

· 할머니 + -세요 → 할머니세요

우리 아버지는 선생님이세요.

저분은 마리아 씨의 할머니세요.

4 V-아요/어요 jako forma zachęty

Końcówka finitywna 'V-아요/어요' w funkcji zachęty komunikuje propozycję wspólnego wykonania czynności. Nadawca proponuje adresatowi zrobienie czegoś wspólnie, stąd często forma taka występuje razem z przysłówkami '같이' czy '함께' 'razem, wspólnie'.

우리 같이 들어가요.

이것을 같이 옮겨요.

어휘와 표현
Słownictwo
i wyrażenia

빨리 szybko	출근하다 wychodzić do pracy
저분 tamta osoba	할머니 babcia
그분 tamta osoba	울다 płakać
동생 młodsze rodzeństwo	키 wzrost
신문 gazeta	또 znowu, ponownie
부모님 rodzice	옮기다 przenosić
형 starszy brat	

1 다음 빈칸을 채우세요. Uzupełnij poniższą tabelkę.

	-(으)십니다	-(으)세요
가다	가십니다	가세요
보다		
만나다		
읽다		
입다		
만들다		
바쁘다		
많다		
작다		

2 〈보기〉와 같이 하세요. Uzupełnij według wzoru.

보기　　　할머니 → <u>할머니세요</u>.

(1) 선생님 → ________________.

(2) 우리 어머니 → ________________.

(3) 아버지 → ________________.

(4) 할아버지 → ________________.

3 〈보기〉와 같이 대화를 만드세요. Utwórz dialogi według wzoru.

보기　　A <u>아버지는 지금 뭐 하세요</u>? (아버지)

　　　　B <u>텔레비전을 보세요</u>. (텔레비전, 보다)

(1) A ________________? (선생님)

　　B ________________. (친구, 만나다)

(2) A ___________________________? (어머니)

   B ___________________________. (그림, 그리다)

(3) A ___________________________? (할아버지)

   B ___________________________. (신문, 읽다)

(4) A ___________________________? (할머니)

   B ___________________________. (빵, 만들다)

4 〈보기〉와 같이 대화를 만드세요. Utwórz dialogi według wzoru.

> **보기**
>
> A 무엇을 할까요? (무엇, 하다)
>
> B 영화를 봐요. (영화, 보다)

(1) A ___________________________? (무엇, 사다)

   B ___________________________. (사과, 사다)

(2) A ___________________________? (무엇, 마시다)

   B ___________________________. (커피, 마시다)

(3) A ___________________________? (어디, 가다)

   B ___________________________. (공원, 가다)

(4) A ___________________________? (언제, 만나다)

   B ___________________________. (내일, 만나다)

어휘와 표현
Słownictwo
i wyrażenia

많다 być licznym (jest dużo, wiele)　　　그림 rysunek

어머니 mama　　　그리다 rysować, malować

본문 II

우리 가족은 모두 다섯 명입니다. 할아버지와 부모님, 누나, 그리고 저입니다. 아버지는 컴퓨터 회사에 다니십니다. 어머니는 은행원이십니다. 누나는 대학원생입니다. 우리 가족은 크라쿠프에서 삽니다. 저는 바르샤바에서 살아서 크라쿠프에 자주 못 갑니다. 그래서 가족들이 많이 보고 싶습니다.

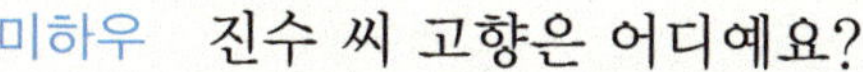

미하우	진수 씨 고향은 어디예요?
김진수	수원이에요. 서울에서 가까워요.
미하우	고향에는 누가 사세요?
김진수	할머니하고 부모님이 사세요. 동생은 서울에서 대학교에 다녀요.
미하우	진수 씨는 가족들한테 전화를 자주 해요?
김진수	아니요, 시간이 없어서 자주 못 해요. 일주일에 한 번 해요.
미하우	가족들이 보고 싶지요?
김진수	네, 많이 보고 싶어요.

어휘와 표현

Słownictwo i wyrażenia

대학원생 student studiów II lub III stopnia

그래서 dlatego, więc

전화 telefon

일주일 tydzień

번 raz

문법 II
Gramatyka II

1 Z1-아서/어서 Z2 'Z1 więc Z2'

Końcówka niefinitywna '-아서/어서' łączy dwa zdania podrzędne pozostające w związku przyczynowo-skutkowym. Orzeczenie zdania podrzędnego Z1 wskazuje przyczynę sytuacji opisanej przez orzeczenie główne Z2. Orzeczenie główne nie może przyjmować ani formy rozkaźnika, ani formy zachęcającej.

목이 아파서 왔습니다.

김진수 씨가 한국으로 돌아가서 폴란드에 없어요.

비가 와서 날씨가 추워요.

날씨가 추워서 감기에 걸렸어요.

2 못 V 'nie móc zrobić CZEGO'

Przeczący element '못' występuje zawsze przed czasownikiem i pełni funkcję wykładnika przeczenia połączonego ze znaczeniem niewystarczających umiejętności, braku zdolności fizycznej lub niemożności wykonania czynności.

술을 못 마십니다.

오늘은 아파서 학교에 못 갑니다.

밥을 못 먹었어요.

돈이 없어서 책을 못 샀어요.

3 N한테 'dla KOGO'

Gramatyczna końcówka rzeczownikowa '-한테' 'dla' jest wykładnikiem celownika osobowego i w języku potocznym wyraża odbiorcę czynności. Jest to forma honoryfikatywnie neutralna.

동생한테 책을 주세요.

친구한테 선물을 보냈어요.

에바 씨한테 전화했어요.

저한테 주세요.

4 일주일에 한 번 'raz w tygodniu', 'raz na tydzień'

Wyrażenie określające częstotliwość czynności w danej jednostce czasu. W miejsce '일주일' można wstawić dowolną jednostkę czasu, zaś w miejsce '한' – jakikolwiek liczebnik rodzimy w postaci wymaganej przed rzeczownikiem.

일주일에 한 번 숙제가 있어요.

한 달에 두 번 집에 갑니다.

일 년에 한 번 크라쿠프에 가요.

◎ 번 Rzeczownik częstości – 'raz'.

한 번, 두 번, 세 번, 네 번, 다섯 번,
여섯 번, 일곱 번, 여덟 번, 아홉 번, 열 번

·하루에 세 번　　·한 달에 네 번　　·일 년에 열두 번

어휘와 표현
Słownictwo
i wyrażenia

목 gardło, szyja

보내다 wysłać, wysyłać

돌아가다 wracać

달 miesiąc

감기 przeziębienie

하루 jeden dzień

감기에 걸리다 przeziębić się

연습 II
Ćwiczenia II

1 〈보기〉와 같이 문장을 만드세요. Utwórz zdania według wzoru.

> **보기**　비가 와요. + 우산을 써요.　→　<u>비가 와서 우산을 써요.</u>

(1) 머리가 아파요. + 병원에 가요.

→ _______________________________.

(2) 시간이 없어요. + 밥을 안 먹어요.

→ _______________________________.

(3) 어제 열두 시에 잤어요. + 늦게 일어났어요.

→ _______________________________.

(4) 아침에 운동을 했어요. + 기분이 좋아요.

→ _______________________________.

2 〈보기〉와 같이 문장을 만드세요. Utwórz zdania według wzoru.

> **보기**　<u>피아노를 못 쳐요.</u> (피아노, 치다)

(1) _______________________. (그림, 그리다)

(2) _______________________. (술, 마시다)

(3) _______________________. (수영, 하다)

(4) _______________________. (담배, 피우다)

3 〈보기〉와 같이 문장을 완성하세요. Dokończ zdania według wzoru.

보기 하루에 두 번 샤워를 해요. (하루, 2)

(1) ______________ 병원에 가요. (일주일, 2)

(2) ______________ 부모님을 만나요. (한 달, 1)

(3) ______________ 이를 닦아요. (하루, 3)

(4) ______________ 여행을 가요. (일 년, 4)

어휘와 표현

Słownictwo
i wyrażenia

(우산을) 쓰다 używać (parasol)	피우다 palić
늦게 późno	샤워 prysznic
못하다 nie móc	이 ząb, zęby
담배 papierosy	닦다 czyścić, szczotkować

track 24

다음을 잘 듣고 이 사람이 왜 못 했는지 연결하세요.
Wysłuchaj zdań i zaznacz powód.

(1) ·   · ① 돈이 없었어요.

(2) ·   · ② 날씨가 추웠어요.

(3) ·   · ③ 바빴어요.

(4) ·   · ④ 배가 아팠어요.

2 잘 듣고 질문에 답하세요. Wysłuchaj opowiadania i odpowiedz na pytania.

(1) 이 사람의 가족사진을 고르세요. Wybierz zdjęcie opisanej rodziny.

(2) 어머니의 직업은 무엇입니까? Jaki jest zawód matki?

① 선생님   ② 회사원   ③ 은행원

3 친구와 가족에 대해서 질문하고 대답하세요. Porozmawiaj o rodzinie, stosując przykładowe pytania zamieszczone poniżej.

– 가족이 모두 몇 명이에요?
– 언니(오빠, 누나, 형, 동생)가 있어요? 무슨 일을 해요?

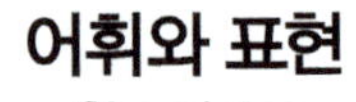

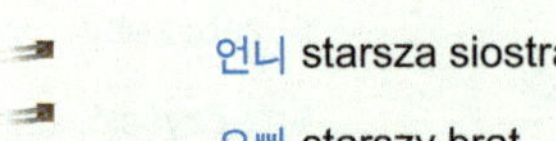

언니 starsza siostra   대학생 student studiów licencjackich

오빠 starszy brat   일 praca

일하다 pracować

9과

음악을 좋아해요?

- 음악 (muzyka)
- 취미 (zainteresowania, hobby)
- 쇼팽 (Chopin)

본문 I

track 25

미하우   나영 씨는 음악을 좋아해요?

이나영   네, 아주 좋아해요. 특히 쇼팽의 음악을 좋아해요.

미하우   그래요? 피아노도 칠 수 있어요?

이나영   네, 칠 수 있어요. 미하우 씨는요?

미하우   아니요, 저는 피아노를 못 쳐요.
그렇지만 기타는 칠 수 있어요.

이나영   아, 그래요? 저는 기타는 못 쳐요.
그렇지만 배우고 싶어요.

미하우   나영 씨는 음악을 자주 들어요?

이나영   네. 클래식 음악도 자주 듣고 재즈도 자주 들어요.
미하우 씨도 음악을 좋아해요?

미하우   네, 저도 음악을 좋아해요.
저는 헤비메탈을 좋아해요.
저는 스트레스를 받으면 음악을 들으면서 춤을 춰요.

어휘와 표현
Słownictwo i wyrażenia

특히 szczególnie	재즈 jazz
기타 gitara	헤비메탈 heavy metal
클래식 klasyczny	스트레스 stres

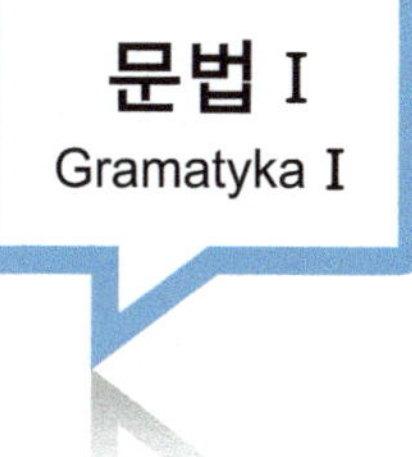

문법 I
Gramatyka I

1 V-(으)ㄹ 수 있다/없다 'umieć/nie umieć', 'móc/nie móc'

'-(으)ㄹ 수 있다/없다' ('umieć/nie umieć', 'móc/nie móc') to wyrażenie, które komunikuje zdolność fizyczną (lub brak), możliwość (lub brak) oraz umiejętność (lub brak) konieczną do wykonania czynności.

> Gdy temat czasownika kończy się na spółgłoskę: V + -을 수 있다/없다
>
> Gdy temat czasownika kończy się na samogłoskę: V + -ㄹ 수 있다/없다
>
> ✓ 'ㄹ' kończące temat czasownika ulega zanikowi przed '-ㄹ 수 있다/ 없다', temat pozbawiony 'ㄹ' łączy się bezpośrednio z '-ㄹ 수 있다/없다'.
>
> · 먹다 → 먹을 수 있다/없다
>
> · 하다 → 할 수 있다/없다
>
> · 열다 → 열 수 있다/없다

한글을 읽을 수 있습니다.　　　문을 닫을 수 없어요.

저는 수영을 할 수 없어요.　　　지금 전화를 할 수 없어요?

저는 공원에 갈 수 있어요.

2 N은요/는요? 'a N?', 'co Pan/Pani sądzi o N?'

'N은요/는요?' ('a N?', 'co Pan/Pani sądzi o N?') to uprzejme pytanie kierowane z prośbą o opinię adresata na temat N.

> Gdy rzeczownik kończy się na spółgłoskę : N + 은요?
>
> Gdy rzeczownik kończy się na samogłoskę : N + 는요?
>
> · 집 + 은요? → 집은요?　　　· 책 + 은요? → 책은요?
>
> · 요리 + 는요? → 요리는요?　　　· 공부 + 는요? → 공부는요?

A 서점에서 한국어 교재를 살 수 있어요.

B 그럼 한국어 사전은요?

A 미하우 씨는 모임에 갈 거예요.

B 그럼 진수 씨는요?

A 오늘은 친구를 만날 거예요.

B 그럼 내일은요?

3 'ㄷ' 불규칙   nieregularne 'ㄷ'

W niektórych czasownikach o temacie zakończonym na 'ㄷ' (np. 걷다, 듣다, 묻다), zakończenie to wymienia się z 'ㄹ' przed końcówkami i morfemami, które zaczynają się od samogłoski.

Forma słownikowa	-습니다/ㅂ니다	-아요/어요	-았어요/었어요	-(으)세요
걷다	걷습니다	걸어요	걸었어요	걸으세요
듣다	듣습니다	들어요	들었어요	들으세요
묻다	묻습니다	물어요	물었어요	물으세요

다리가 아파서 천천히 걸었어요.

음악을 들으면 기분이 좋아요.

모르면 미하우 씨한테 물어요.

4 Z1-(으)면서 Z2

'-(으)면서' to niefinitywna końcówka komunikująca równoczesność czynności w zdaniu Z1 i w Z2, pod warunkiem występowania wspólnego dla obu zdań podmiotu. Wartość czasowa zdania zawsze jest komunikowana w Z2 (tj. w orzeczeniu głównym dla całego zdania złożonego Z1 + Z2).

Gdy temat czasownika kończy się na spółgłoskę: V + -으면서

Gdy temat czasownika kończy się na samogłoskę: V + -면서

✓ '르' kończące temat czasownika lub przymiotnika nie ulega
zanikowi przed '면서': V + -면서

· 읽다 → 읽으면서　　· 먹다 → 먹으면서
· 자다 → 자면서　　· 열다 → 열면서

음악을 들으면서 책을 읽어요.

미하우 씨는 춤추면서 노래했어요.

어머니는 음식을 만들면서 라디오를 들었어요.

어휘와 표현

Słownictwo
i wyrażenia

한글 *Hangeul*, alfabet koreański	다리 noga
교재 podręcznik	천천히 powoli
사전 słownik	모르다 nie wiedzieć
모임 zebranie, zgrupowanie	춤추다 tańczyć
걷다 iść pieszo	노래하다 śpiewać
묻다 pytać	라디오 radio

연습 I
Ćwiczenia I

1 〈보기〉와 같이 하세요. Uzupełnij według wzoru.

보기	가다 → <u>갈 수 있어요.</u>

(1) 사다 → ____________ (2) 말하다 → ____________

(3) 쓰다 → ____________ (4) 읽다 → ____________

(5) 입다 → ____________ (6) 만들다 → ____________

2 〈보기〉와 같이 대화를 완성하세요. Dokończ dialogi według wzoru.

보기	A 김치를 <u>먹을 수 있어요</u>? (김치, 먹다)
	B 네, <u>먹을 수 있어요</u>. / 아니요, <u>먹을 수 없어요</u>.

(1) A ____________________? (프랑스어, 읽다)

B 네, ____________.

(2) A ____________________? (수영, 하다)

B 네, ____________.

(3) A ____________________? (피아노, 치다)

B 아니요, ____________.

(4) A ____________________? (한국 음식, 만들다)

B 아니요, ____________.

3 다음 빈칸을 채우세요. Uzupełnij poniższą tabelkę.

	-습니다/ㅂ니다	-아요/어요	-(으)ㄹ 거예요	-(으)면	-고
듣다	듣습니다	들어요	들을 거예요	들으면	듣고
걷다					
묻다					

4 〈보기〉와 같이 문장을 완성하세요. Dokończ zdania według wzoru.

> 보기　　　저는 쇼팽의 음악을 자주 <u>들어</u>요. (듣다)

(1) 어제 많이 ______서 다리가 아파요. (걷다)

(2) 모르면 친구한테 ______요. (묻다)

(3) 저는 지금 라디오를 ______니다. (듣다)

(4) 아침에 ______면 기분이 좋아요. (걷다)

5 〈보기〉와 같이 문장을 만드세요. Utwórz zdania według wzoru.

> 보기　노래를 해요. + 춤을 춰요. → <u>노래를 하면서 춤을 춰요.</u>

(1) 운전을 해요. + 음악을 들어요.

→ ________________________________.

(2) 전화를 해요. + 걸어요.

→ ________________________________.

(3) 커피를 마셔요. + 이야기해요.

→ ________________________________.

(4) 음악을 들어요. + 공부를 해요.

→ ________________________________.

어휘와 표현
Słownictwo
i wyrażenia

말하다 mówić

운전 prowadzenie samochodu

본문 II

track 26

저는 오늘 저녁에 미하우 씨와 같이 재즈 클럽에 갑니다. 그 클럽에는 음악을 좋아하는 사람들이 많이 옵니다. 무대 위에는 연주를 하는 사람들이 있습니다. 그 사람들이 연주하는 음악은 매우 아름답습니다. 사람들은 음악을 들으면서 이야기도 하고 술도 마십니다.

쇼팽은 폴란드의 작곡가, 피아니스트입니다. 쇼팽은 1810년 바르샤바에서 태어났습니다. 쇼팽은 폴란드 사람이지만 프랑스 파리에서 음악 활동을 많이 했습니다. 쇼팽은 폴란드와 폴란드 음악을 매우 사랑했습니다. 그렇지만 쇼팽은 몸이 많이 아파서 폴란드로 돌아가지 못했습니다. 쇼팽은 피아노 곡을 많이 만들었습니다. 쇼팽의 피아노 곡은 매우 아름답습니다. 그래서 세계 여러 나라 사람들이 쇼팽의 피아노 곡을 좋아하고 자주 듣습니다.

어휘와 표현
Słownictwo i wyrażenia

클럽 klub	태어나다 urodzić się	곡 utwór muzyczny
무대 scena	파리 Paryż	세계 świat
연주 gra na instrumentach muzycznych	활동 działanie, działalność	여러 parę, kilka
매우 bardzo	사랑하다 kochać	나라 kraj
작곡가 kompozytor	몸 ciało	

1 V-는 N   'N, które V'

'-는 N' to końcówka gramatyczna formy przydawkowej czasownika, która pełni funkcję określającą rzeczowniki lub frazy nominalne. W formie tej temat czasownika łączy się bezpośrednio z końcówką '-는', a całość komunikuje zdarzenie teraźniejsze lub zgodne czasowo z orzeczeniem głównym.

- 밥을 먹다 → 밥을 먹는 → 식당은 밥을 먹는 곳입니다.

- 폴란드 사람이 좋아하다 → 폴란드 사람이 좋아하는
  → 주렉은 폴란드 사람이 좋아하는 음식입니다.

- 눈이 내리다 → 눈이 내리는
  → 눈이 내리는 계절은 겨울입니다.

저기 가는 사람은 미하우 씨입니다.

저도 형이 다니는 학교에 가고 싶어요.

진수 씨가 좋아하는 음식을 만들 거예요.

2 V-지 못하다   'nie móc', 'nie być w stanie'

'-지 못하다' to analityczna forma przeczenia złożona z niefinitywnej formy czasownika zakończonej na '-지' oraz z posiłkowego czasownika '하다' poprzedzonego przeczącym elementem '못'. Forma ta komunikuje znaczenie niemożności lub braku możliwości wykonania czynności. Jest to tzw. długa (analityczna) forma przeczenia w stosunku do krótkiej (syntetycznej) formy '못 V'.

한국에 가지 못해요.   이가 아파서 밥을 먹지 못해요.

한글을 읽지 못해요.   바빠서 그 영화를 보지 못했어요.

곳 miejsce   계절 pora roku

연습 II
Ćwiczenia II

1 〈보기〉와 같이 하세요. Uzupełnij według wzoru.

> 보기   (지금 보다) 영화 → <u>지금 보는</u> 영화

(1) (미하우 씨가 좋아하다) 음식 → ______________ 음식

(2) (지금 듣다) 음악 → ______________ 음악

(3) (내가 싫어하다) 운동 → ______________ 운동

(4) (사람들이 부르다) 노래 → ______________ 노래

2 〈보기〉와 같이 문장을 만드세요. Utwórz zdania według wzoru.

> 보기   미하우 씨가 차를 마셔요. 그 차는 홍차예요.
> → <u>미하우 씨가 마시는 차는 홍차예요.</u>

(1) 나영 씨가 회사에 다녀요. 그 회사는 시내에 있어요.

→ ____.

(2) 에밀리아 씨가 지금 책을 읽어요. 그 책은 소설책이에요.

→ ____.

(3) 진수 씨가 버스를 타요. 그 버스는 공항으로 가요.

→ ____.

(4) 표트르 씨가 친구를 만나요. 그 친구는 미국 사람이에요.

→ ____.

(5) 요즘 운동을 배워요. 그 운동은 테니스예요.

→ ____.

(6) 할머니가 음식을 만들어요. 그 음식은 아주 맛있어요.

→ ____.

3 〈보기〉와 같이 문장을 완성하세요. Dokończ zdania według wzoru.

> 보기　　　바빠서 고향에 가지 못했어요. (고향, 가다)

(1) 돈이 없어서 ＿＿＿＿＿＿＿＿＿＿＿＿＿＿. (구두, 사다)

(2) 시험이 있어서 ＿＿＿＿＿＿＿＿＿＿＿＿＿. (친구, 만나다)

(3) 비가 와서 ＿＿＿＿＿＿＿＿＿＿＿＿＿. (운동, 하다)

(4) 머리가 아파서 ＿＿＿＿＿＿＿＿＿＿＿＿. (잠, 자다)

어휘와 표현
Słownictwo
i wyrażenia

싫어하다 nie lubić　　　　공항 lotnisko

소설책 powieść　　　　테니스 tenis

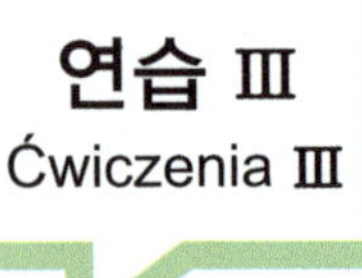

연습 Ⅲ
Ćwiczenia Ⅲ

track 27

잘 듣고 각 사람의 이름과 맞는 그림을 연결하세요. Wysłuchaj dialogu i połącz imiona z rysunkami.

(1) 미하우 ·

· (a) 

(2) 얀 ·

· (b) 

(3) 마렉 ·

· (c) 

잘 듣고 질문에 답하세요. Wysłuchaj opowiadania i odpowiedz na pytania.

(1) 이 사람이 하고 싶은 것을 모두 고르세요.
Zaznacz, co ta osoba chce robić.

① 기타를 연주하고 싶습니다.
② 아르바이트를 많이 하고 싶습니다.
③ 음악을 들으면서 여행하고 싶습니다.
④ 집에서 쉬면서 음악을 듣고 싶습니다.

(2) 이 사람은 왜 음악을 자주 듣지 못합니까?
Dlaczego ta osoba nie może często słuchać muzyki?

① 바빠서
② 몸이 아파서
③ 기타를 배워야 해서

3 친구와 무엇을 할 수 있는지, 할 수 없는지 이야기해 보고 다음 표를 완성해 보세요. Porozmawiaj z kolegą, stosując poniższe przykłady, a następnie uzupełnij tabelkę.

보기

A 진수 씨는 축구를 할 수 있어요?
B 네, 할 수 있어요.
A 수영도 할 수 있어요?
B 아니요, 할 수 없어요.

	O	X
진수	축구	수영

- 축구를 하다
- 탁구를 하다
- 배구를 하다
- 수영을 하다
- 운전을 하다
- 태권도를 하다
- 스키를 타다
- 테니스를 치다
- 배드민턴을 치다
- 한자를 쓰다
- 그림을 그리다
- 피아노를 치다
- 바이올린을 켜다
- 한국 음식을 만들다
- 외국어(러시아어, 프랑스어, 독일어……)를 하다

4 우리 반 친구들에 대해서 〈보기〉와 같이 이야기해 보세요. Zadaj pytania kolegom i koleżankom, korzystając z poniższego wzoru.

보기

A 누가 김치를 좋아해요?
B 김치를 좋아하는 사람은 미하우 씨예요.

김치를 좋아해요.	음악을 자주 들어요.	영화를 자주 봐요.
미하우		
책을 많이 읽어요.	공부를 열심히 해요.	

어휘와 표현
Słownictwo
i wyrażenia

종일 cały dzień	바이올린 skrzypce
탁구 tenis stołowy	(바이올린을) 켜다 grać (na skrzypcach)
배구 piłka ręczna	러시아어 język rosyjski
태권도 *taekwondo*	독일어 język niemiecki
스키 narty	한자 znaki chińskie
배드민턴 badminton	열심히 pilnie, ciężko, z zapałem

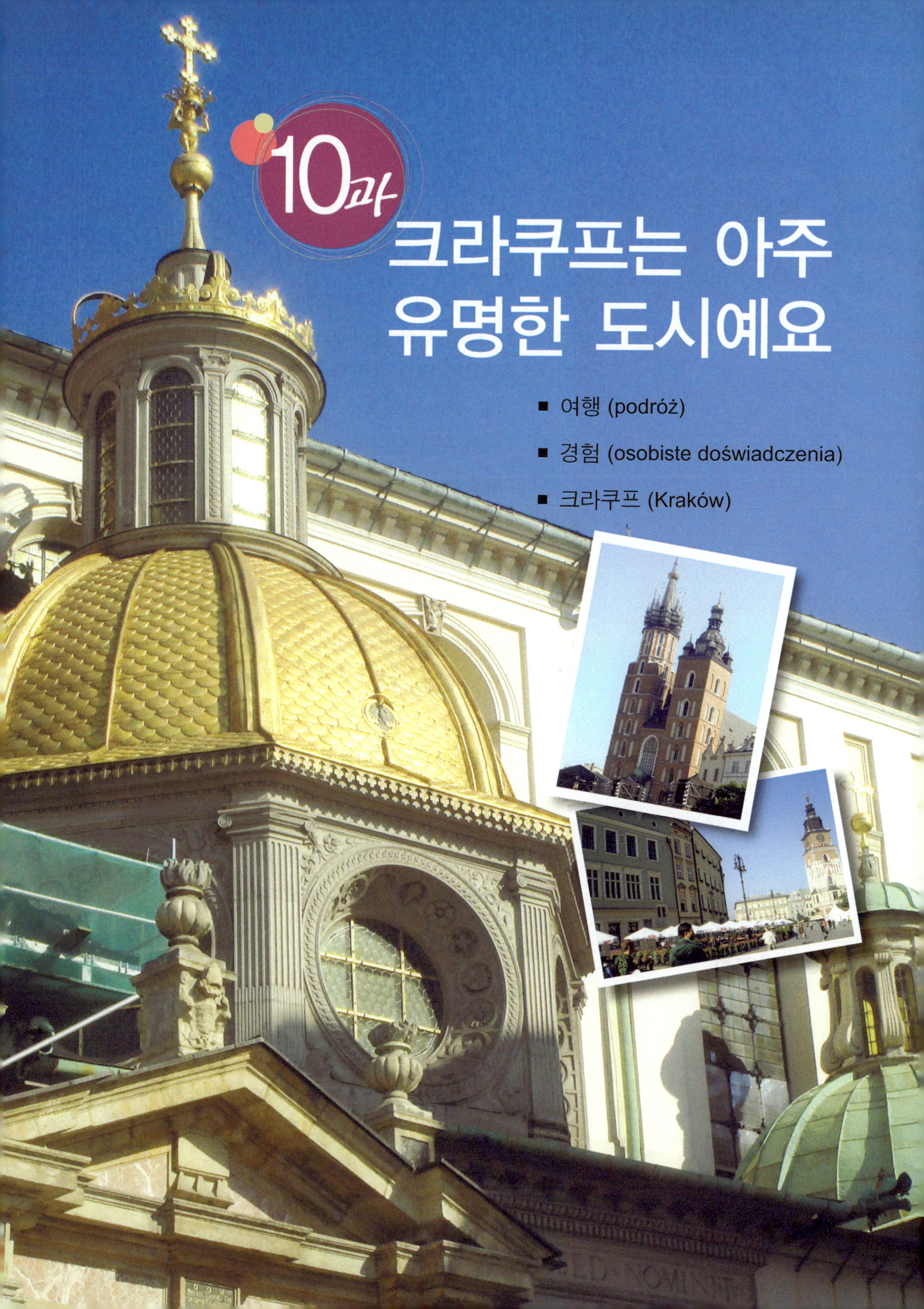

10과
크라쿠프는 아주
유명한 도시예요

여행 (podróż)

경험 (osobiste doświadczenia)

크라쿠프 (Kraków)

본문 I

track 28

김진수　저는 내일 크라쿠프에 가요.

에밀리아　아, 그래요? 누구와 같이 가요?

김진수　미하우 씨와 같이 가요.
그런데 내일 날씨가 추울까요?

에밀리아　네, 추울 거예요.

김진수　어떤 옷을 입어야 돼요?

에밀리아　따뜻한 옷을 입으세요.

김진수　에밀리아 씨도 크라쿠프에 가 봤어요?

에밀리아　네, 가 봤어요.

김진수　어땠어요?

에밀리아　아주 아름다웠어요.
크라쿠프에 가면 성을 구경해 보세요.
그리고 성모마리아 성당에도 가 보세요.

김진수　크라쿠프에서 뭘 먹으면 좋을까요?

에밀리아　빵과 치즈를 먹어 보세요. 치즈가 정말
맛있어요.

어휘와 표현
Słownictwo
i wyrażenia

그런데 ale

어떤 jaki

어땠어요? jak było?

성 zamek

성모마리아 Święta Maria

성당 kościół (rzymskokatolicki)

치즈 ser

문법 I
Gramatyka I

1 V/A-(으)ㄹ까요?

'-(으)ㄹ까요?' to finitywna końcówka przymiotnikowa i czasownikowa, która wyraża pytanie nadawcy o opinię adresata (co sądzi o sytuacji opisanej w zdaniu).

> Gdy temat czasownika lub przymiotnika kończy się na spółgłoskę (poza 'ㄹ'): V/A + -을까요?
>
> Gdy temat czasownika lub przymiotnika kończy się na amogłoskę: V/A + -ㄹ까요?
>
> ✓ Gdy temat czasownika lub przymiotnika kończy się na 'ㄹ', należy pominąć 'ㄹ' i dodać 'ㄹ까요'.
>
> · 먹다 → 먹을까요?   · 오다 → 올까요?   · 알다 → 알까요?

비가 올까요?

진수 씨가 선물을 받을까요?

시간이 얼마나 걸릴까요?

올라 씨가 한국말을 알까요?

유스트나 씨가 매운 음식을 좋아할까요?

2 V/A-(으)ㄹ 거예요

Końcówka finitywna '-(으)ㄹ 거예요' komunikuje przypuszczenia nadawcy odnoszące się do przyszłości.

Gdy temat czasownika lub przymiotnika kończy się na spółgłoskę (poza '르'): V/A + -을 거예요

Gdy temat czasownika lub przymiotnika kończy się na samogłoskę: V/A + -ㄹ 거예요

✓ Gdy temat czasownika lub przymiotnika kończy się na '르', należy pominąć '르' i dodać '르 거예요'.

· 먹다 → 먹을 거예요   · 사다 → 살 거예요   · 팔다 → 팔 거예요

진수 씨는 내일 올 거예요.

시간이 많이 걸릴 거예요.

미하우 씨가 상을 받을 거예요.

3 A-(으)ㄴ N

'-(으)ㄴ N' to wykładnik funkcji przydawkowej przymiotnika, występującego przed rzeczownikiem lub frazą nominalną.

Gdy temat przymiotnika kończy się na spółgłoskę (poza '르'): A + -은

Gdy temat przymiotnika kończy się na samogłoskę: A + -ㄴ

✓ Gdy temat przymiotnika kończy się na '르', '르' zanika, a temat łączy się bezpośrednio z 'ㄴ'.

· 작다 → 작은   · 크다 → 큰   · 길다 → 긴

예쁜 꽃   배고픈 사람

좋은 날씨   높은 산

긴 머리   먼 나라

◎ W niektórych przymiotnikach, których temat kończy się na spółgłoskę '이', a kolejna końcówka zaczyna się na samogłoskę (-은), '이' przechodzi w '우', co w rezultacie daje formę '-운'.

무거운 가방(무겁다)   반가운 얼굴(반갑다)   매운 김치(맵다)

◎ Przymiotniki złożone zawierające czasownik posiłkowy '있다' lub '없다' przyjmują końcówkę '-는'.

맛있는 김밥   맛없는 찌개

4 어떤 'jaki'

Przymiotny zaimek pytajny '어떤' 'jaki/jaka/jakie/jacy' jest używany w pytaniach o cechę obiektu.

A 어떤 음식을 먹고 싶어요?   A 어떤 사람이 좋아요?

B 매운 음식을 먹고 싶어요.   B 재미있는 사람이 좋아요.

A 어떤 영화가 좋아요?

B 슬픈 영화가 좋아요.

5 V-아/어 보다

Wyrażenie 'V-아/어 보다' komunikuje znaczenie próby podjęcia czynności lub zamiaru sprawdzenia, jaki będzie jej rezultat. W czasie przeszłym konstrukcja ta sygnalizuje, że dana czynność jest czymś, czego podmiot doświadczył osobiście.

이 옷을 입어 보세요.

표트르 씨한테 제가 전화를 해 볼까요?

한국에 가 봤어요.

폴란드 음식을 먹어 봤어요?

6 어땠어요? 'CO było jakie?'

'어땠어요?' 'CO było jakie?' to odmienna przez czas forma pytajnego zaimka przymiotnego, występująca w pytaniach o stan obiektu w przeszłości. Jest to forma przeszła od '어때요?'.

A 피에로기 맛이 어때요?

B 맛있어요.

A 날씨가 어때요?

B 시원해요.

A 피에로기 맛이 어땠어요?

B 맛있었어요.

A 날씨가 어땠어요?

B 시원했어요.

어휘와 표현
Słownictwo
i wyrażenia

한국말 język koreański (mowa)

배고프다 być głodnym

높다 być wysokim

산 góra

무겁다 być ciężkim

반갑다 być miłym

얼굴 twarz

김밥 *kimbap*

맛없다 być niesmacznym

찌개 koreańska zupa

맛 smak

연습 I
Ćwiczenia I

1 〈보기〉와 같이 대화를 완성하세요. Dokończ dialogi według wzoru.

보기

   A 비가 올까요? (비, 오다)

   B 네, 올 거예요. / 아니요, 안 올 거예요.

(1) A _____________________? (미하우 씨, 학교, 가다)

    B 네, ______________.

(2) A _____________________? (에밀리아 씨, 영화, 보다)

    B 네, ______________.

(3) A _____________________? (날씨, 춥다)

    B 아니요, ______________.

(4) A _____________________? (옷, 작다)

    B 아니요, ______________.

2 〈보기〉와 같이 하세요. Uzupełnij według wzoru.

보기   비싸다 + 옷 → 비싼 옷

(1) 좋다 + 친구 → _________ 친구

(2) 예쁘다 + 꽃 → _________ 꽃

(3) 높다 + 산 → _________ 산

(4) 맵다 + 김치 → _________ 김치

(5) 덥다 + 날씨 → _________ 날씨

(6) 맛있다 + 음식 → _________ 음식

(7) 짧다 + 치마 → _________ 치마

(8) 재미없다 + 책 → _________ 책

3 〈보기〉와 같이 대화를 완성하세요. Dokończ dialogi według wzoru.

> **보기**　　A　어떤 음식을 먹고 싶어요?
> 　　　　　　B　<u>매운 음식을 먹고 싶어요</u>. (매운)

(1) A　어떤 영화를 좋아해요?

　　 B　______________________. (슬프다)

(2) A　어떤 치마를 입고 싶어요?

　　 B　______________________. (짧다)

(3) A　어떤 날씨를 좋아해요?

　　 B　______________________. (따뜻하다)

(4) A　어떤 가방을 사고 싶어요?

　　 B　______________________. (크다)

4 〈보기〉와 같이 문장을 만드세요. Utwórz zdania według wzoru.

> **보기**　　　　이 책을 <u>읽어 보세요</u>. (이 책, 읽다)

(1) ______________________. (불고기, 먹다)

(2) ______________________. (이 노래, 듣다)

(3) ______________________. (운동, 하다)

(4) ______________________. (태권도, 배우다)

5 〈보기〉와 같이 대화를 만드세요. Utwórz dialogi według wzoru.

보기
A <u>어제 날씨가 어땠어요?</u> (어제 날씨)
B <u>좋았어요.</u> (좋다)

(1) A _____________________? (그 영화)

B _____________. (무섭다)

(2) A _____________________? (크라쿠프)

B _____________. (아름답다)

(3) A _____________________? (여행)

B _____________. (좋다)

(4) A _____________________? (그 책)

B _____________. (재미있다)

어휘와 표현
Słownictwo
i wyrażenia

짧다 być krótkim

재미없다 nie być interesującym

무섭다 być przerażającym, budzącym strach

본문 II

track 29

크라쿠프는 폴란드의 옛 도시입니다. 크라쿠프는 1320년부터 1609년까지 폴란드의 수도였습니다. 크라쿠프는 아름답고 깨끗합니다. 크라쿠프는 바벨성과 성모마리아 성당이 유명합니다. 성당에는 높은 첨탑이 있습니다. 광장은 아주 넓고 아름답습니다. 크라쿠프의 시장도 재미있는 곳입니다. 크라쿠프 시장에서는 빵, 치즈, 과일, 야채를 팝니다. 그리고 시장에서는 여러 가지 기념품도 살 수 있습니다. 특히 호박이 유명합니다. 호박 목걸이는 조금 비싸지만 예쁩니다.

미하우 나영 씨, 주말에 뭐 할 거예요?

이나영 여행을 가고 싶어요. 어디로 가면 좋을까요?

미하우 크라쿠프에 가 봤어요?

이나영 아니요, 못 가 봤어요.

미하우 그럼 크라쿠프에 가면 좋을 거예요.
　　　　아주 유명한 도시예요.

이나영 그래요? 크라쿠프는 바르샤바와 많이 달라요?

미하우 네. 바르샤바에는 새 건물들이 많이 있지만 크라쿠프에는 옛날 건물들이 많이 있어요.

어휘와 표현
Słownictwo i wyrażenia

옛 dawny	광장 plac	목걸이 naszyjnik
도시 miasto	넓다 być szerokim	다르다 być różnym
부터 od	야채 warzywa	새 nowy
수도 stolica	가지 rodzaj	건물 budynek
바벨성 zamek Wawel	기념품 pamiątka, upominek	옛날 dawne czasy
첨탑 wieża	호박 bursztyn	

1 N1부터 N2까지 'od N1 do N2'

Konstrukcja komunikująca granice lokalizacji czasowej lub graniczne punkty czasowe, czyli 'od – do'.

아침부터 저녁까지 책을 읽었어요.

일곱 시부터 아홉 시까지 도서관에 있어요.

2 N-이었어요/였어요 'N był KIM, CZYM'

'-이었어요/였어요' 'był/była/było/byli/były' to finitywna forma przeszła spójki '이다' 'być KIM, CZYM'.

> Gdy rzeczownik kończy się na spółgłoskę: N + -이었어요
> Gdy rzeczownik kończy się na samogłoskę: N + -였어요
>
> • 학생 + -이었어요 → 학생이었어요
> • 기자 + -였어요 → 기자였어요

저는 경찰관이었어요. 저는 의사였어요.

저기가 병원이었어요. 여기는 학교였어요.

◎ N-이셨어요/셨어요

Honoryfikatywnie wywyższająca (aprecjatywna) '-이셨어요/셨어요' 'był/była/było/byli/były' to finitywna forma przeszła spójki '이다' 'być KIM, CZYM', która zastępuje formę 'N-이었어요/였어요' w sytuacji, gdy N oznacza osobę starszą od nadawcy lub o wyższej pozycji społecznej.

Gdy rzeczownik kończy się na spółgłoskę: N + -이셨어요

Gdy rzeczownik kończy się na samogłoskę: N + -셨어요

· 정치인이셨어요   · 판사셨어요

선생님이었어요. → 할아버지는 선생님이셨어요.

공무원이었어요. → 아버지는 공무원이셨어요.

의사였어요. → 어머니는 의사셨어요.

3 '르' 불규칙   nieregularne '르'

Tzw. nieregularne '르' kończy temat niektórych czasowników oraz przymiotników i w połączeniu z niektórymi końcówkami i morfemami gramatycznymi '르' ulega podwojeniu.

Gdy temat czasownika lub przymiotnika kończy się sylabą '르', a następująca po nim końcówka lub morfem zaczyna się od spółgłoski: nie występują zmiany formy tematu (zachowana jest sylaba '르').

Natomiast jeżeli temat wybranych czasowników lub przymiotnika kończy się sylabą '르', a następująca po nich końcówka lub morfem zaczyna się od samogłoski: to wówczas sylaba '르' jest zastępowana 'ㄹㄹ'.

· 다르- + -고 → 다르고   · 다르- + -니까 → 다르니까

· 다르- + -아서 → 달라서

Przykłady czasowników ze zmiennym '르'

Forma słownikowa	-고	-(으)니까	-아서/어서	-아요/어요	-았어요/었어요
모르다	모르고	모르니까	몰라서	몰라요	몰랐어요
부르다	부르고	부르니까	불러서	불러요	불렀어요
다르다	다르고	다르니까	달라서	달라요	달랐어요
빠르다	빠르고	빠르니까	빨라서	빨라요	빨랐어요

어휘와 표현
Słownictwo
i wyrażenia

경찰관 policjant   공무원 pracownik służby cywilnej, urzędnik

정치인 polityk   빠르다 być szybkim

판사 sędzia

연습 II
Ćwiczenia II

1 〈보기〉와 같이 문장을 완성하세요. Dokończ zdania według wzoru.

보기

오전 아홉 시부터 오후 열두 시까지 일했어요. (오전 9시 - 오후 12시)

(1) ＿＿＿＿＿＿＿＿＿＿＿＿ 공부했어요. (화요일 - 금요일)

(2) ＿＿＿＿＿＿＿＿＿＿＿＿ 운동했어요. (4시 - 6시)

(3) ＿＿＿＿＿＿＿＿＿＿＿＿ 여행할 거예요. (내일 - 다음 주말)

(4) 한국은 ＿＿＿＿＿＿＿＿＿＿＿＿ 여름입니다. (6월 - 8월)

2 맞는 것에 O 하세요. Zaznacz prawidłową formę.

(1) 나영 씨 생일은 어제(이었습니다, 였습니다).

(2) 그 사람은 의사(이었습니다, 였습니다).

(3) 어제는 금요일(이었습니다, 였습니다).

(4) 그 노래는 아리랑(이었습니다, 였습니다).

3 다음 빈칸을 채우세요. Uzupełnij poniższą tabelkę.

	-습니다/ㅂ니다	-아요/어요	-(으)ㄹ 거예요	-고
부르다	부릅니다	불러요	부를 거예요	부르고
모르다				
다르다				
빠르다				

어휘와 표현
Słownictwo i wyrażenia

오전 przedpołudnie   여행하다 podróżować

운동하다 ćwiczyć   아리랑 *Arirang*

연습 Ⅲ
Ćwiczenia Ⅲ

1 잘 듣고 질문에 맞는 대답을 고르세요.
track 30
Wysłuchaj pytań i zaznacz prawidłową odpowiedź.

(1) ① 비가 왔어요. ② 같이 갑시다. ③ 아마 안 올 거예요.

(2) ① 시간이 없어요. ② 네, 가고 싶어요. ③ 아니요, 못 가 봤어요.

2 잘 듣고 여자가 말한 장소와 맞는 설명을 연결하세요.
Wysłuchaj dialogu i połącz wyjaśnienia z miejscem, o którym mówi kobieta.

(1) 인사동 ·   · ① 한국의 역사를 알 수 있어요.

(2) 남대문시장 ·   · ② 재미있는 물건들을 많이 팔아요.

(3) 국립중앙박물관 ·   · ③ 맛있는 한국 음식을 먹을 수 있어요.

3 다음 고민을 읽고 어떻게 하면 좋을지 '-아/어 보세요', '-(으)세요',
'-지 마세요'를 써서 충고를 해 보세요.
Używając form '-아/어 보세요', '-(으)세요', '-지 마세요' zaproponuj sposoby
rozwiązania poniższych problemów i kłopotów.

> 감기에 걸려서 많이 아파요.

> 학교까지 1시간이 걸려요. 차를 사고 싶지만
> 돈이 없어요. 운전도 못해요.

> 친구를 많이 사귀고 싶어요.

> 좋아하는 사람이 있어요. 그렇지만 그 사람은
> 저를 안 좋아해요.

> 공부도 해야 하고 아르바이트도 해야 해요. 좀 쉬고 싶지만
> 시간이 없어서 쉴 수 없어요.

4 친구하고 다음에 대해 이야기해 보세요. Porozmawiaj z kolegą zadając poniższe pytania.

– 어떤 옷을 좋아해요?
– 어떤 사람을 좋아해요?
– 어떤 음식을 좋아해요?
– 어떤 집에서 살고 싶어요?
– ________________________?

옷	사람	음식
편하다　예쁘다 귀엽다　화려하다	친절하다　착하다 키가 크다　키가 작다 똑똑하다　예쁘다 멋있다	맵다　　　짜다 달다　　　시다 딱딱하다　부드럽다 차다　　　따뜻하다
집		
예쁘다　작다 크다　　편리하다 조용하다　방이 많다		

어휘와 표현

Słownictwo i wyrażenia

아마 chyba

남대문시장 bazar *Namdaemun*

물건 rzecz, artykuł

음식점 restauracja

박물관 muzeum

국립중앙박물관 Muzeum Narodowe

역사 historia

차 samochód

편하다 być wygodnym

귀엽다 być milutkim, ślicznym

화려하다 być wspaniałym, okazałym

키가 크다 być wysokim

똑똑하다 być inteligentnym

멋있다 być przystojnym

짜다 być słonym

달다 być słodkim

시다 być kwaśnym

딱딱하다 być twardym

부드럽다 być miękkim, delikatnym

차다 być zimnym

편리하다 być wygodnym w użyciu

조용하다 być cichym

11과

오늘 수업을 시작할까요?

- 주말 (weekend)

- 학교생활 (życie szkolne)

- 지각 (spóźnienie)

본문 I

track 31

나는 지난 주말에 많이 바빴습니다. 토요일 오전에는 한국어 숙제를 하고 오후에는 아르바이트를 했습니다. 아르바이트가 끝나고 밤 열 시에 기숙사에 돌아왔습니다. 일요일에는 아침 일곱 시에 일어나서 샤워를 하고 아침을 먹었습니다. 그리고 아홉 시부터 열한 시까지 청소를 했습니다. 일주일 동안 청소를 안 해서 방이 많이 더러웠습니다. 열두 시에 점심을 먹고 빨래를 했습니다. 그리고 네 시에 기숙사 앞에서 나영 씨를 만나서 같이 영화를 봤습니다. 영화가 끝나고 나영 씨와 같이 한국 식당에 가서 김치찌개를 먹었습니다. 김치찌개는 맛있었는데 좀 매웠습니다. 저녁을 먹고 아홉 시에 기숙사에 돌아왔습니다. 몸은 피곤했는데 마음은 즐거웠습니다.

김진수	나영 씨, 주말에 뭐 했어요?
이나영	크라쿠프에 갔다 왔어요.
김진수	그래요? 어땠어요?
이나영	아주 멋있었어요. 진수 씨도 크라쿠프에 가 봤어요?
김진수	네, 저는 한 달 전에 갔다 왔어요. 저도 아주 좋았어요.
이나영	진수 씨는 주말에 뭘 했어요?
김진수	폴란드 친구 집에 갔다 왔어요. 생일 파티를 했어요.
이나영	그래요? 어땠어요?
김진수	아주 재미있었는데 너무 늦게 끝났어요. 그래서 좀 피곤했어요.

어휘와 표현
Słownictwo i wyrażenia

돌아오다 wracać

동안 podczas, przez

더럽다 być brudnym

마음 serce, umysł, dusza

즐겁다 być wesołym

문법 I
Gramatyka I

1 N 동안   'w trakcie N', 'podczas N', 'przez N'

'N 동안' to wyrażenie komunikujące znaczenie rozciągłości czasowej, odpowiadające polskiemu 'w trakcie N', 'podczas N', 'przez N'.

세 시간 동안 친구를 기다렸어요.

일 년 동안 한국어를 공부했습니다.

여섯 달 동안 한국 여행을 했어요.

폴란드에서 이 년 동안 살았습니다.

2 Z1 -ㄴ데/은데/는데 Z2   'Z1, ale Z2', 'Z1, a Z2'

'Z1-ㄴ데/은데/는데 Z2' komunikuje znaczenie niezbyt silnego przeciwstawienia w zdaniach, w których występują dwa kontrastowane ze sobą obiekty, sytuacje bądź działania.

Spójka '이다/아니다' oraz przymiotniki, których temat kończy się na samogłoskę lub 'ㄹ': + -ㄴ데

Przymiotniki, których temat kończy się na spółgłoskę inną niż 'ㄹ': + -은데

Czasowniki, '있다', '없다' oraz po morfemie czasu przeszłego '-았/었-': + -는데

- 나쁘다 → 나쁜데
- 멀다 → 먼데
- 학생이다 → 학생인데
- 좋다 → 좋은데
- 가다 → 가는데
- 읽다 → 읽는데
- 있다 → 있는데
- 먹었다 → 먹었는데

한국은 책값이 비싼데 여기는 싸요.

미하우 씨는 집이 먼데 학교에 일찍 와요.

집은 넓은데 마당이 너무 좁아요.

저는 코미디 영화를 좋아하는데 제 친구는 싫어해요.

집에 커피는 있는데 설탕은 없어요.

그 친구는 숙제를 냈는데 저는 못 냈어요.

3 N 전에/후에 'przed/po N'

Wyrażenie 'N 전에' ('przed CZYM') występuje w wyrażeniach czasu i komunikuje znaczenie uprzedniości. Natomiast 'N 후에' ('po CZYM') – znaczenie następczości.

한 달 전에 한국에 왔어요.

십분 전에 전화를 걸었어요.

식사 전에 기도를 해요.

한 시간 후에 시험이 있어요.

며칠 후에 에바 씨를 만날 거예요.

시내 구경 후에 점심을 먹었어요.

어휘와 표현
Słownictwo i wyrażenia

책값 cena książki

마당 podwórko, ogród

코미디 komedia

설탕 cukier

내다 oddać, złożyć

숙제를 내다 oddać pracę domową

(전화를) 걸다 telefonować, dzwonić

기도 modlitwa

후 po

구경 oglądanie, zwiedzanie

연습 I
Ćwiczenia I

1 〈보기〉와 같이 대화를 완성하세요. Dokończ dialogi według wzoru.

보기 A 한국어를 얼마 동안 공부했어요?
　　　 B 일 년 동안 공부했어요. (1년)

(1) A 바이올린을 얼마 동안 배웠어요?

　　 B _________________. (3년)

(2) A 기숙사에서 얼마 동안 살았어요?

　　 B _________________. (5달)

(3) A 얼마 동안 여행했어요?

　　 B _________________. (2주일)

(4) A 얼마 동안 기다렸어요?

　　 B _________________. (30분)

2 〈보기〉와 같이 하세요. Uzupełnij według wzoru.

보기 　　　가다 → 가는데

(1) 먹다 → _________　　(2) 듣다 → _________

(3) 읽다 → _________　　(4) 만들다 → _________

(5) 크다 → _________　　(6) 작다 → _________

(7) 멀다 → _________　　(8) 맛있다 → _________

3 〈보기〉와 같이 문장을 만드세요. Utwórz zdania według wzoru.

보기 서울은 비가 와요. 바르샤바는 눈이 와요.
→ 서울은 비가 오는데 바르샤바는 눈이 와요.

(1) 저는 커피를 좋아해요. 나영 씨는 녹차를 좋아해요.

→ ________________________________.

(2) 저는 학교에 가요. 동생은 안 가요.

→ ________________________________.

(3) 내일 시험을 봐요. 공부를 안 했어요.

→ ________________________________.

(4) 유스트나 씨는 자요. 에밀리아 씨는 공부해요.

→ ________________________________.

4 〈보기〉와 같이 문장을 만드세요. Utwórz zdania według wzoru.

보기 이 옷은 싸요. 저 옷은 비싸요.
→ 이 옷은 싼데 저 옷은 비싸요.

(1) 이 방은 더워요. 저 방은 추워요.

→ ________________________________.

(2) 시장은 멀어요. 백화점은 가까워요.

→ ________________________________.

(3) 이 모자는 예뻐요. 비싸요.

→ ________________________________.

(4) 김치는 맛있어요. 조금 매워요.

→ ________________________________.

5 〈보기〉와 같이 문장을 만드세요. Utwórz zdania według wzoru.

> 보기　어제 저는 공부를 했어요. 제 친구는 놀았어요.
> → 어제 저는 공부를 했는데 제 친구는 놀았어요.

(1) 음식이 맛있었어요. 비쌌어요.

　→ _______________________________________.

(2) 저는 비빔밥을 먹었어요. 미하우 씨는 냉면을 먹었어요.

　→ _______________________________________.

(3) 에밀리아 씨는 숙제를 했어요. 유스트나 씨는 안 했어요.

　→ _______________________________________.

(4) 어제는 추웠어요. 오늘은 따뜻해요.

　→ _______________________________________.

6 〈보기〉와 같이 하세요. Uzupełnij według wzoru.

> 보기　식사 후, 이를 닦다 → 식사 후에 이를 닦으세요

(1) 수업 후, 복습을 하다

　→ _______________________________________.

(2) 시험 전, 공부를 하다

　→ _______________________________________.

(3) 일주일 후, 이메일을 보내다

　→ _______________________________________.

(4) 10분 전, 극장에 들어가다

　→ _______________________________________.

어휘와 표현
Słownictwo i wyrażenia

주일 tydzień	복습 powtórzenie, utrwalenie
놀다 bawić się	이메일 email

본문 II

track 32

선생님 여러분, 안녕하세요?

학생들 선생님, 안녕하세요?

선생님 모두 왔어요?

마렉 미하우 씨가 안 왔어요.

에밀리아 지금 학교에 오고 있어요. 제가 전화를 받았어요.

선생님 그럼 미하우 씨는 오늘 지각입니다.
여러분은 앞으로 지각하지 마세요.

학생들 네. 알겠습니다.

선생님 그럼 오늘 수업을 시작할까요?

미하우 죄송합니다.

선생님 미하우 씨, 왜 늦었어요?

미하우 아침에 늦잠을 잤어요.

선생님 어제 늦게 잤어요?

미하우 네. 영화를 보고 새벽 세 시에 잤어요.

선생님 그렇게 늦게 잤어요?
내일부터는 일찍 오세요.

미하우 네. 일찍 오겠습니다.

어휘와 표현

Słownictwo
i wyrażenia

여러분 państwo (panie i panowie)

지각 spóźnienie

앞으로 w niedalekiej przyszłości

지각하다 spóźniać się

알겠습니다 rozumiem, zrozumiałem

죄송하다 przepraszać

왜 dlaczego

늦다 spóźniać się

늦잠을 자다 zaspać

새벽 świt

그렇게 tak (aż tak, w takim stopniu)

문법 II
Gramatyka II

1 V-고 있다

Konstrukcja '-고 있다' to analityczna forma czasu teraźniejszego aktualnego, tworzona poprzez dodanie do niefinitywnej formy czasownika zakończonej na '-고' czasownika posiłkowego '있다'. Forma ta komunikuje czynność, która ma miejsce w chwili mówienia.

저는 지금 공부하고 있어요.

진수 씨는 오늘 경주 시내를 구경하고 있습니다.

안나 씨는 자고 있어요.

2 왜 'dlaczego'

Przysłowny zaimek pytajny 'dlaczego'.

A 미하우 씨가 왜 결석했어요?

B 감기에 걸려서 결석했어요.

A 왜 한국어를 공부합니까?

B 한국 드라마를 좋아해서 한국어를 공부합니다.

A 왜 일찍 일어났어요?

B 학교에 일찍 가야 돼서 일찍 일어났어요.

3 V-겠-

'-겠-' to gramatyczny wykładnik komunikujący wolę, zamiar lub postanowienie wykonania czynności przez nadawcę.

내일부터 운동을 하겠어요.

올 여름에는 꼭 컴퓨터를 배우겠어요.

대학에 가면 한국어를 전공하겠습니다.

어휘와 표현
Słownictwo i wyrażenia

결석하다 opuszczać (np. zajęcia), być nieobecnym

드라마 serial

올 tegoroczny, ten

꼭 na pewno

대학 uniwersytet

연습 II
Ćwiczenia II

1 〈보기〉와 같이 대화를 완성하세요. Dokończ dialogi według wzoru.

> 보기　　　A　지금 뭐 해요?
> 　　　　　B　<u>밥 먹고 있어요</u>. (밥, 먹다)

(1) A　지금 뭐해요?

　　 B　______________________. (텔레비전, 보다)

(2) A　지금 뭐해요?

　　 B　______________________. (편지, 쓰다)

(3) A　지금 뭐해요?

　　 B　______________________. (인터넷, 하다)

(4) A　지금 뭐해요?

　　 B　______________________. (커피, 마시다)

(5) A　지금 뭐해요?

　　 B　______________________. (책, 읽다)

(6) A　지금 뭐해요?

　　 B　______________________. (음악, 듣다)

2 다음에서 알맞은 것을 골라 대화를 완성하세요. Wybierz prawidłowy pytajnik i dokończ dialogi.

> 보기　　　　　언제　　왜　　어떻게

(1) A　(　　　　) 밥을 안 먹어요?

　　 B　배가 너무 아파요.

(2) A　백화점에 (　　　　) 가요?

　　 B　버스를 타세요.

(3) A　(　　　　) 미하우 씨를 만났어요?

　　 B　목요일에 만났어요.

(4) A　(　　　　) 우체국에 가요?

　　 B　편지를 보내야 돼요.

3 〈보기〉와 같이 문장을 만드세요. Utwórz zdania według wzoru.

| 보기 | 책을 읽겠습니다. (책, 읽다) |

(1) ______________________. (콜라, 마시다)

(2) ______________________. (카드, 보내다)

(3) ______________________. (외국어, 배우다)

(4) ______________________. (폴란드 음식, 만들다)

4 〈보기〉와 같이 대화를 완성하세요. Dokończ dialogi według wzoru.

| 보기 | A 지각하지 마세요. |
| | B 네, 지각하지 않겠습니다. |

(1) A 떠들지 마세요.

B 네, ______________________.

(2) A 사진 찍지 마세요.

B 네, ______________________.

(3) A 담배 피우지 마세요.

B 네, ______________________.

(4) A 술 마시지 마세요.

B 네, ______________________.

어휘와 표현

Słownictwo
i wyrażenia

인터넷 internet

카드 karta (z życzeniami)

떠들다 hałasować, rozrabiać

연습 Ⅲ
Ćwiczenia Ⅲ

1 track 33
잘 듣고 이유를 찾아 연결하세요.
Wysłuchaj dialogów i zaznacz przyczynę, o której jest mowa w danym dialogu.

(1) •

(2) •

(3) •

• ① 시간이 없었어요.

• ② 수업이 없었어요.

• ③ 버스가 늦게 왔어요.

2 잘 듣고 질문에 답하세요. Wysłuchaj dialogu i odpowiedz na pytania.

(1) 진수 씨는 왜 늦었습니까? Dlaczego pan Jinsu się spóźnił?

　① 배가 아파서

　② 늦게 일어나서

　③ 버스가 늦게 와서

(2) 내용과 같으면 O, 다르면 X 하세요. Wysłuchaj dialogu. Oznacz symbolem „O" zdania zgodne z treścią dialogu, symbolem „X" – zdania nieprawdziwe.

　① 영화는 10분 전에 시작했어요. (　　　)

　② 진수 씨는 5분 후에 도착할 거예요. (　　　)

3 잘 듣고 누가 어디에서 무엇을 하고 있는지 연결하세요.
Wysłuchaj dialogów i stwórz prawdziwe zdania (kto, gdzie, co robi).

(1) 미하우 　•　　　•① 학교 •　　　• (a) 친구를 만나고 있어요.

(2) 진수 　•　　　•② 공원 •　　　• (b) 공부하고 있어요.

(3) 에밀리아 •　　　•③ 집 　•　　　• (c) 그림을 그리고 있어요.

4 다음 그림을 보고 'V-고 있다'를 써서 이야기해 보세요.
Opisz poniższe rysunki stosując 'V-고 있다'.

5 앞으로 무엇을 할지 결심하는 문장을 써 보고 친구들 앞에서 이야기해 보세요.
Utwórz zdania zawierające postanowienie zrobienia czegoś, wykonania jakiejś czynności.

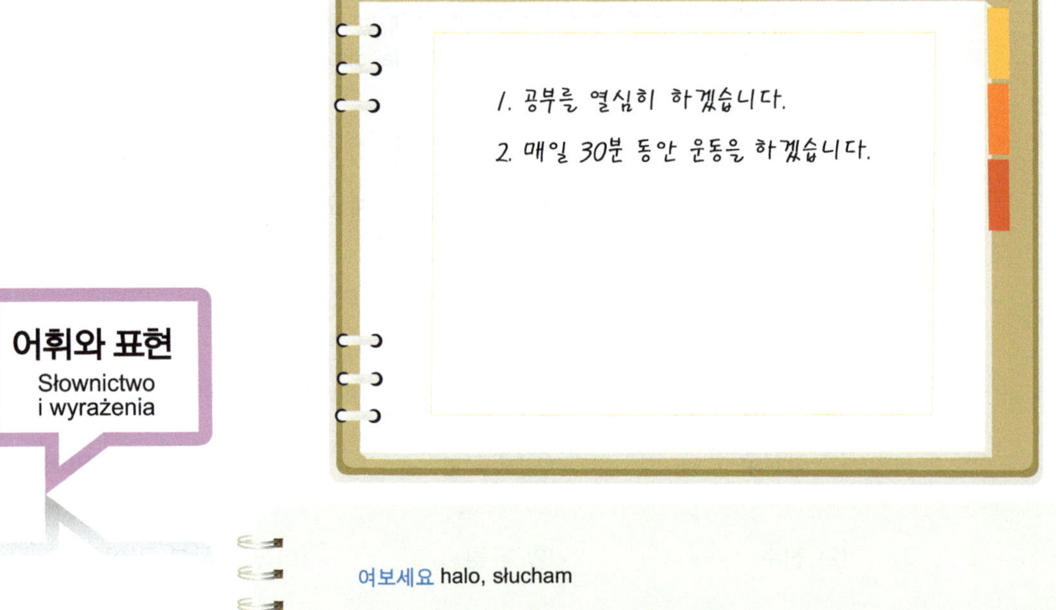

어휘와 표현
Słownictwo
i wyrażenia

여보세요 halo, słucham

도착하다 przybyć, dojechać, docierać do

한국어 시험을 봤습니다

■ 시험과 성적 (egzaminy, oceny)

본문 I

track 34

선생님　다음 월요일에 한국어 기말시험이 있습니다.
시험 범위는 50쪽부터 100쪽까지예요.
시험을 볼 학생들은 아홉 시까지 221호로 오세요.

미하우　말하기 시험도 있어요?

선생님　그럼요. 쓰기, 읽기, 듣기, 말하기 다 준비해야 돼요.

에밀리아　문법 시험은요?

선생님　물론 문법 문제도 있어요. 쓰기 시험에서 나와요.

안나　문제가 어려워요?

선생님　네, 어려워요. 공부를 많이 하세요.

학생들　네, 알겠습니다. 열심히 준비하겠습니다.

선생님　그럼 다음 월요일에 만납시다.

어휘와 표현
Słownictwo i wyrażenia

오늘 오전에 한국어 시험을 봤습니다. 시험이 조금 어려웠지만 문제를 다 풀 수 있었습니다. 어제 진수 씨와 함께 문법 공부를 많이 해서 문법 문제는 쉬웠습니다. 오후에 선생님이 성적을 말씀해 주셨습니다. 나는 5점을 받았습니다. 중간시험 점수보다 이번 시험 점수가 더 좋았습니다. 선생님이 칭찬을 해 주셨습니다. 기분이 아주 좋았습니다.

기말시험 egzamin końcowy	듣기 słuchanie	성적 wyniki w nauce (ocena)
범위 zakres	준비하다 przygotowywać (CO lub się)	말씀하다 mówić (hon.)
쪽 strona	물론 oczywiście	점 ocena, stopień
호 numer sali, klasy, pokoju	문제 problem, kwestia, zagadnienie	중간시험 egzamin połówkowy
말하기 mówienie	나오다 pojawiać się, wychodzić	점수 stopień, ocena
그럼요 oczywiście	(문제를) 풀다 rozwiązywać	보다 niż
쓰기 pisanie	(problem, ćwiczenia, kwestię itp.)	칭찬 pochwała
읽기 czytanie		

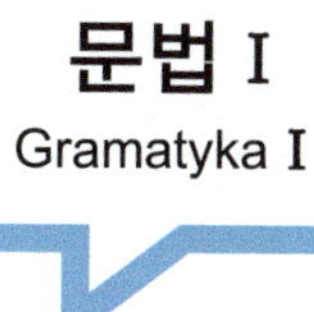

문법 I
Gramatyka I

1 V-(으)ㄹ N   'N, który będzie V'

'-(으)ㄹ N' to końcówka gramatyczna formy przydawkowej czasownika, występującej przed rzeczownikiem lub frazą nominalną. Tworzy się ją poprzez dodanie '-(으)ㄹ' do tematu czasownika, który wyraża czynność późniejszą niż czynność opisana w orzeczeniu głównym, przy czym obydwie czynności mają charakter przyszły.

> Gdy temat czasownika kończy się na spółgłoskę (poza 'ㄹ'): V + -을
> Gdy temat czasownika kończy się na samogłoskę: V + -ㄹ
>
> ✓ W przypadku, gdy temat czasownika kończy się na 'ㄹ', 'ㄹ' zanika, a temat łączy się bezpośrednio z 'ㄹ'.
>
> · 오다/사람 → 올 사람
> · 먹다/음식 → 먹을 음식
> · 놀다/시간 → 놀 시간

수업 시간에 책을 읽다 → (수업 시간에 읽-) -을 책 → 수업 시간에 읽을 책

폴란드에 짐을 보내다 → (폴란드에 보내-) -ㄹ 짐 → 폴란드에 보낼 짐

시장에서 과일을 팔다 → (시장에서 팔-) -ㄹ 과일 → 시장에서 팔 과일

여기가 내가 살 방입니다.

기차가 출발할 시간이 지났습니다.

폴란드에 보낼 선물을 샀습니다.

2 V-아/어 주다   'zrobić CO dla KOGO'

Konstrukcja ta wyraża czynność wykonywaną z pożytkiem dla KOGO (o charakterze benefaktywnym typu: 'poczytał mu', 'otworzył mi', 'zamknął jej').

· 바꾸다 → 바꾸어 주다   · 열다 → 열어 주다
· 읽다 → 읽어 주다   · 닫다 → 닫아 주다

한국 돈으로 바꾸어 주세요.

문을 열어 주었어요.

창문 좀 닫아 주세요.

폴란드 말을 가르쳐 줄까요?

◎ Przed morfemami i końcówkami, które zaczynają się od samogłoski '-아/어, -아요/어요, -았어요/었어요' spółgłoska 'ㅂ' w temacie czasownika '돕다' zmienia się w '우', dając w rezultacie formy : 도와/도와요/도왔어요.

도와주세요.

3 N1이 N2보다 (더) A   'N1 jest bardziej A niż N2'

Forma przymiotnikowa '(더) A' w schemacie zdaniowym 'N1이 N2보다 (더) A' odpowiada znaczeniu polskiego przymiotnika w stopniu wyższym, cały schemat komunikuje znaczenie porównania cechy dwóch obiektów: 'N1 jest bardziej A niż N2'.

요즘은 폴란드가 한국보다 더워요.

지하철이 버스보다 더 빠르지요?

미하우 씨가 진수 씨보다 키가 큽니다.

어휘와 표현
Słownictwo
i wyrażenia

짐 bagaż	돕다 pomagać
지나다 minąć, mijać	도와주다 pomagać
가르치다 nauczać	지하철 metro

연습 I
Ćwiczenia I

1 〈보기〉와 같이 하세요. Uzupełnij według wzoru.

> **보기**   (한국에 보내다) 책 → 한국에 보낼 책

(1) (내일 먹다) 음식 → _______________ 음식

(2) (친구한테 주다) 선물 → _______________ 선물

(3) (겨울에 입다) 옷 → _______________ 옷

(4) (주말에 하다) 일 → _______________ 일

2 〈보기〉와 같이 문장을 만드세요. Utwórz zdania według wzoru.

> **보기**   내일 노래를 부를 거예요. 그 노래는 한국 노래예요.
> → 내일 부를 노래는 한국 노래예요.

(1) 내일 극장에 갈 거예요. 그 극장은 백화점 옆에 있어요.

→ _______________________________________.

(2) 다음 시간에 문법을 배울 거예요. 그 문법은 아주 어려울 거예요.

→ _______________________________________.

(3) 미하우 씨하고 내가 음식을 만들 거예요. 그 음식은 비빔밥이에요.

→ _______________________________________.

(4) 내일 영화를 볼 거예요. 그 영화는 전쟁 영화예요.

→ _______________________________________.

(5) 주말에 일을 할 거예요. 그 일은 청소와 빨래예요.

→ _______________________________________.

(6) 오늘 저녁에 친구를 만날 거예요. 그 친구는 백화점에서 일해요.

→ _______________________________________.

3 〈보기〉와 같이 문장을 만드세요. Utwórz zdania według wzoru.

보기   사진을 찍어 주세요. (사진, 찍다)

(1) ____________________________. (커피, 사다)

(2) ____________________________. (문, 열다)

(3) ____________________________. (창문, 닫다)

(4) ____________________________. (노래, 부르다)

(5) ____________________________. (한국어, 가르치다)

(6) ____________________________. (이름, 말하다)

4 〈보기〉와 같이 문장을 만드세요. Utwórz zdania według wzoru.

보기   폴란드가 한국보다 더 넓어요. (폴란드, 한국, 넓다)

(1) ____________________________. (축구, 야구, 재미있다)

(2) ____________________________. (비행기, 기차, 빠르다)

(3) ____________________________. (시장, 백화점, 싸다)

(4) ____________________________. (호랑이, 고양이, 크다)

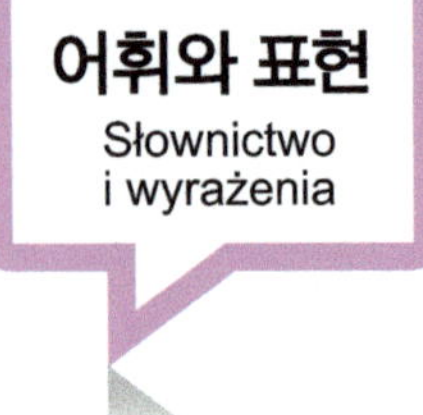

어휘와 표현
Słownictwo
i wyrażenia

전쟁 wojna	호랑이 tygrys
야구 baseball	고양이 kot

본문 II

김진수	에밀리아 씨, 무슨 걱정 있어요?
에밀리아	다음 주 월요일에 한국어 시험이 있어요. 그런데 한국어가 너무 어려워요.
김진수	그래서 걱정하고 있군요. 걱정하지 마세요. 내가 가르쳐 줄게요.
에밀리아	정말요? 고마워요.
김진수	그럼, 오늘 오후에 만날까요?
에밀리아	오늘은 아르바이트 하러 가야 돼요. 내일 오전은 어때요?
김진수	내일 오전에는 내가 바빠요. 내일 오후에 만나요.
에밀리아	좋아요. 내가 내일 저녁을 살게요.

에밀리아	가르쳐 줘서 정말 고마워요.
김진수	뭘요.
에밀리아	내가 오늘 저녁을 살게요.
김진수	정말요? 고마워요.
에밀리아	진수 씨는 어떤 음식을 좋아해요?
김진수	나는 매운 음식을 좋아해요.
에밀리아	그럼 한국 음식을 먹으러 가요.
김진수	좋아요.

어휘와 표현
Słownictwo i wyrażenia

걱정 zmartwienie

걱정하다 martwić się

뭘요 nie ma za co

문법 II
Gramatyka II

1 A-군요, V-는군요

'A-군요', 'V-는군요' to końcówki finitywne zdania o charakterze wykrzyknikowym, które wyraża zdziwienie czy też zaskoczenie nadawcy z powodu sytuacji, o której się właśnie dowiedział.

Dla przymiotników: A + -군요

Dla czasowników: V + -는군요

· 작다 → 작군요   · 크다 → 크군요   · 멀다 → 멀군요
· 먹다 → 먹는군요   · 가다 → 가는군요   · 알다 → 아는군요

기차가 참 빠르군요.　　　　　　시험 문제가 어렵군요.

비가 많이 오는군요.　　　　　　설에는 한복을 입는군요.

◎ W czasie przeszłym zarówno czasowniki jak i przymiotniki łączą się z '-았군요/었군요'.

신발이 조금 작았군요.　　　　　편지가 빨리 왔군요.

김치가 매웠군요.　　　　　　　이걸 몰랐군요.

도둑을 잡았군요.

2 V-(으)ㄹ게요

Końcówka finitywna 'V-(으)ㄹ게요' jest używana w zdaniach pierwszoosobowych (z podmiotem zaimkowym '나' lub '저') i wyraża znaczenie obietnicy lub zobowiązania. Występuje zazwyczaj w rozmowie z osobą zaprzyjaźnioną lub dobrze znaną nadawcy.

Gdy temat czasownika kończy się na spółgłoskę (poza 'ㄹ'): V + -을게요
Gdy temat czasownika kończy się na samogłoskę: V + -ㄹ게요

◎ Gdy temat czasownika kończy się na 'ㄹ' to 'ㄹ' zanika, a temat bez 'ㄹ' łączy się bezpośrednio z '-ㄹ게요'.

· 먹다 → 먹을게요   · 가다 → 갈게요   · 만들다 → 만들게요

제가 파베우 씨를 만날게요.　　　제가 그 책을 읽을게요.

제가 문을 닫을게요.　　　오늘 저녁을 제가 살게요.

제가 창문을 열게요.

◎ Podmiotowy zaimek pierwszej osoby jest w zdaniu często opuszczany.

(제가) 문을 닫을게요.　　　(제가) 창문을 열게요.

3　V-(으)려 가다/오다　'iść po to, aby ZROBIĆ CO', 'przyjść zrobić CO'

Konstrukcja komunikująca przybycie GDZIE lub udanie się DOKĄD w określonym celu. Czasownik nazywający cel występuje z końcówką '-(으)려' (tworząc formę okolicznikową celu), natomiast głównym orzeczeniem musi tu być kierunkowy czasownik ruchu.

W przypadku, gdy temat czasownika kończy się na spółgłoskę (oprócz 'ㄹ'): V + -으려 가다/오다

W przypadku, gdy temat czasownika kończy się na samogłoskę: V + -려 가다/오다

◎ W przypadku, gdy temat czasownika kończy się na spółgłoskę 'ㄹ': V + -려 가다/오다

한국어를 배우러 갑니다.　　　친구를 만나러 갑시다.

점심을 먹으러 갑니다.　　　백화점에 옷을 사러 갔습니다.

어휘와 표현
Słownictwo
i wyrażenia

설 Nowy Rok

한복 *hanbok* (koreański tradycyjny strój)

도둑 złodziej

연습 II
Ćwiczenia II

1 〈보기〉와 같이 문장을 만드세요. Utwórz zdania według wzoru.

> **보기**　　　옷이 예쁘군요. (옷, 예쁘다)

(1) _________________. (날씨, 춥다)

(2) _________________. (집, 좋다)

(3) _________________. (교통, 편리하다)

(4) _________________. (사람, 많다)

2 〈보기〉와 같이 문장을 만드세요. Utwórz zdania według wzoru.

> **보기**　　　친구를 만나는군요. (친구, 만나다)

(1) _________________. (김치, 좋아하다)

(2) _________________. (음악, 듣다)

(3) _________________. (책, 읽다)

(4) _________________. (영화, 보다)

3 〈보기〉와 같이 하세요. Uzupełnij według wzoru.

> **보기**　　　보다 → 볼게요

(1) 자다　→ ___________　　　(2) 먹다　→ ___________

(3) 배우다 → ___________　　　(4) 입다　→ ___________

(5) 만들다 → ___________　　　(6) 듣다　→ ___________

(7) 찍다　→ ___________　　　(8) 걷다　→ ___________

4 〈보기〉와 같이 대화를 완성하세요. Dokończ dialogi według wzoru.

> 보기
>
> A 편지를 쓰세요.
> B 네, <u>쓸게요</u>.

(1) A 이 책을 읽으세요.

  B 네, _______________.

(2) A 병원에 가세요.

  B 네, _______________.

(3) A 담배를 끊으세요.

  B 네, _______________.

(4) A 창문을 여세요.

  B 네, _______________.

5 〈보기〉와 같이 하세요. Uzupełnij według wzoru.

> 보기
>
> 보다 → <u>보러</u> 가요/와요

(1) 사다 → _________ 가요/와요

(2) 빌리다 → _________ 가요/와요

(3) 먹다 → _________ 가요/와요

(4) 놀다 → _________ 가요/와요

(5) 만들다 → _________ 가요/와요

(6) 듣다 → _________ 가요/와요

6 〈보기〉와 같이 문장을 만드세요. Utwórz zdania według wzoru.

<table>
<tr><td>보기</td><td><u>영화를 보러 갈까요?</u>　　(영화, 보다)</td></tr>
</table>

(1) _______________________? (신발, 사다)

(2) _______________________? (사진, 찍다)

(3) _______________________? (책, 빌리다)

(4) _______________________? (진수 씨, 만나다)

어휘와 표현
Słownictwo
i wyrażenia

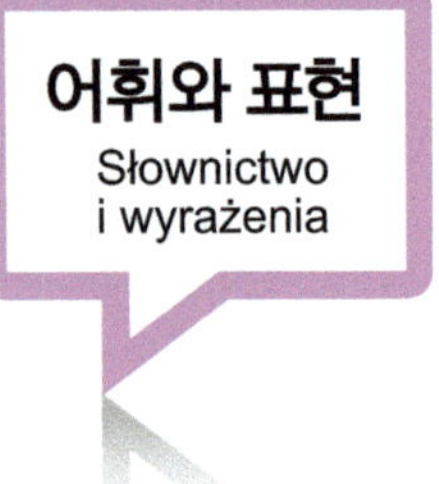

교통 transport　　　　　　(담배를) 끊다 rzucać (palenie)

연습 Ⅲ
Ćwiczenia Ⅲ

track 36

1 내일은 표트르 씨의 생일입니다. 잘 듣고 누가 무엇을 준비할지 연결하세요.
Jutro są urodziny Piotra. Wysłuchaj dialogu i połącz imię osoby z odpowiednim prezentem.

(1) 미하우 ·　　　　　　　　　　　　　　· ① 꽃

(2) 에밀리아 ·　　　　　　　　　　　　　· ② 선물

(3) 나영 ·　　　　　　　　　　　　　　　· ③ 음식

(4) 진수 ·　　　　　　　　　　　　　　　· ④ 카드

2 잘 듣고 질문에 답하세요. Wysłuchaj dialogu i odpowiedz na pytania.

(1) 내용과 같으면 O, 다르면 X 하세요. Wysłuchaj dialogu. Oznacz symbolem „O" zdania zgodne z treścią dialogu, symbolem „X" – zdania nieprawdziwe.

① 표트르 씨는 이번 시험이 중간시험보다 쉬웠습니다. (　　　)
② 표트르 씨는 말하기와 듣기 점수가 좋습니다. (　　　)

(2) 표트르 씨는 앞으로 어떻게 할까요? Co Piotr zrobi?
① 한국어 책을 많이 읽을 것입니다.
② 한국 친구한테 편지를 쓸 것입니다.
③ 문법을 열심히 공부할 것입니다.
④ 한국 드라마를 많이 볼 것입니다.

3 교실에 있는 사람들과 물건들에 대해 친구와 이야기해 보세요. 아래에 제시된 형용사와 'N보다 (더)'를 사용하세요.
Porozmawiaj z kolegą o osobach i rzeczach znajdujących się w klasie. Użyj podanych przymiotników i 'N보다 (더)'.

길다	짧다	무겁다	가볍다	높다	낮다
쉽다	어렵다	비싸다	싸다	크다	작다

> 내 가방이 미하우 씨 가방보다 (더) 커요.

4 친구에게 부탁하고 싶은 말을 〈보기〉와 같이 'V-아/어 주세요'를 이용해서 써 보세요. Używając 'V-아/어 주세요' poproś o coś kolegę.

보기

안나 씨, 오늘은 제 생일이에요.
오늘 저녁에 우리 집에 <u>와 주세요</u>.

어휘와 표현

Słownictwo
i wyrażenia

가볍다 być lekkim

낮다 być niskim

13과

다른 약속이 없으니까 같이 갑시다

- 점심식사 (obiad)
- 폴란드 친구 (przyjaciel z Polski)

본문 I

track 37

미하우 나영 씨, 어디에 가요?

이나영 밥 먹으러 식당에 가요.

미하우 아직 점심을 안 먹었어요?

이나영 네, 아직 안 먹었어요. 미하우 씨는요?

미하우 저는 아까 수업 전에 샌드위치를 먹었어요.
그런데 벌써 배가 좀 고파요.

이나영 그래요? 다른 약속이 없으면 미하우 씨도
저하고 같이 가요.

미하우 네. 다른 약속이 없으니까 같이 갑시다.
그런데 오늘 식당 메뉴가 뭐예요?

이나영 아직 모르지만 맛있을 거예요. 어서 가 봅시다.

미하우 나영 씨, 폴란드어 공부가 어렵지요?

이나영 네, 폴란드말이 한국말하고 많이 달라서 좀 어려워요.

미하우 폴란드말을 빨리 배우고 싶으면 폴란드 친구를 자주
만나야 돼요. 그런데 나영 씨는 폴란드에 와서 친구들을
많이 사귀었어요?

이나영 아니요, 아직 많이 못 사귀었어요.

미하우 그럼 내가 내 친구들을 소개해 줄게요.

이나영 정말요? 고마워요.

미하우 이번 주말에 친구들을 같이 만날까요?

이나영 아니요. 다음 월요일에 시험이 있어서 좀 바쁘니까 다음
주말에 만나요. 내가 시험이 끝나고 전화할게요.

미하우 알았어요. 좋은 친구들이니까 같이 만나면 즐거울 거예요.

어휘와 표현
Słownictwo i wyrażenia

아직 jeszcze

아까 przed chwilą

벌써 już

고프다 być głodnym

다른 inny

말 język (mowa)

소개하다 przedstawić

문법 I
Gramatyka I

1 아직 'jeszcze'

'아직' ('jeszcze', 'nadal') to przysłówek komunikujący niedokonaność czynności bądź niezakończenie procesu lub stanu.

진수 씨는 아직 숙제를 하고 있습니다.

아직 비가 옵니다.

미하우 씨는 아직 학교에 안 갔습니다.*

* '아직' może być używane w formach twierdzących i przeczących.

2 안 V/A   pytania przeczące 안 V/A

Na tzw. pytania przeczące odpowiada się po koreańsku podobnie jak po polsku, czyli odpowiedź twierdząca powinna rozpoczynać się od '아니요', przecząca zaś – od '네'.

A 학교에 안 가요?

B 네, 안 가요.

A 날씨가 안 좋아요?

B 아니요, 좋아요.

A 오늘은 왜 숙제를 안 해요?

B 숙제가 없어요.

A 미하우 씨가 아직 안 왔어요?

B 네, 아직 안 왔어요.

3 Z1-(으)니까 Z2   'z powodu Z1 ma miejsce Z2', 'Z1 jest powodem, dla którego ma miejsce Z2'

'-(으)니까' to niefinitywna końcówka gramatyczna kończąca podrzędne zdanie przyczynowe ('z powodu Z1 ma miejsce Z2'; 'Z1 jest powodem, dla którego ma miejsce Z2').

Gdy temat czasownika lub przymiotnika z Z1 kończy się spółgłoską:
V/A + -으니까

Gdy temat czasownika lub przymiotnika z Z1 kończy się samogłoską:
V/A + -니까

✓ '2' kończące temat czasownika lub przymiotnika ulega zanikowi przed '-니까', temat pozbawiony '2' łączy się bezpośrednio z '-니까'.

· 읽다 → 읽으니까　　· 좋다 → 좋으니까　　· 자다 → 자니까
· 흐리다 → 흐리니까　· 울다 → 우니까　　· 멀다 → 머니까

내일 시험이 있으니까 열심히 공부합시다.

비가 오니까 좀 춥죠?

A 어디에서 만날까요?
B 미하우 씨가 기숙사에 사니까 기숙사에서 만나요.

◎ W schemacie zdaniowym typu 'Z1-아서/어서 Z2' występują ograniczenia w stosunku do orzeczenia zdania Z2, które nie może mieć formy rozkaźnika ani zachęty (hortatywnej), w schemacie typu 'Z1-(으)니까 Z2' natomiast orzeczenie Z2 nie jest ograniczone w taki sposób i może przybrać każdą postać.

오늘 날씨가 좋아서 산에 갈까요? (×)

오늘 날씨가 좋으니까 산에 갈까요? (○)

◎ W pozycji po rzeczownikach '-(으)니까' przyjmuje formę '-(이)니까'.

Gdy rzeczownik kończy się na spółgłoskę: N + -이니까

Gdy rzeczownik kończy się na samogłoskę: N + -니까

· 극장 + -이니까 → 극장이니까

· 서울 + -이니까 → 서울이니까

· 바르샤바 + -니까 → 바르샤바니까

여기는 도서관이니까 조용히 해야 됩니다.

시험이 다음 주니까 열심히 공부하세요.

방학이니까 극장에 갑시다.

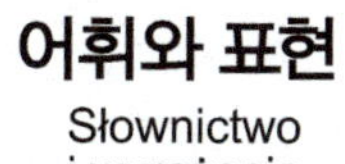

어휘와 표현
Słownictwo
i wyrażenia

흐리다 być pochmurnym   조용히 cicho

연습 I
Ćwiczenia I

1 〈보기〉와 같이 대화를 완성하세요. Dokończ dialogi według wzoru.

> **보기**
> A 점심 먹었어요?
> B 아니요, <u>아직 안 먹었어요</u>.

(1) A 자요?
   B 아니요, ____________________.

(2) A 숙제 했어요?
   B 아니요, ____________________.

(3) A 미하우 씨는 일어났어요?
   B 아니요, ____________________.

(4) A 에밀리아 씨는 왔어요?
   B 아니요, ____________________.

2 〈보기〉와 같이 대화를 완성하세요. Dokończ dialogi według wzoru.

> **보기**
> A 커피 안 좋아해요?　　　　A 한국 음식 안 좋아해요?
> B 네, <u>안 좋아해요</u>.　　　　B 아니요, <u>좋아해요</u>.

(1) A 오늘 학교에 안 가요?
   B 네, ________________.

(2) A 이 영화 안 볼 거예요?
   B 아니요, ________________.

(3) A 밥 안 먹었어요?
   B 아니요, ________________.

(4) A 안 추워요?
   B 네, ________________.

(5) A 수업 안 끝났어요?
   B 아니요, ________________.

(6) A 오늘 안 바빠요?
   B 네, ________________.

3 〈보기〉와 같이 하세요. Uzupełnij według wzoru.

> 보기　　　　　가다 → <u>가니까</u>

(1) 보다 → ___________　　　(2) 읽다 → ___________

(3) 만들다 → ___________　　　(4) 듣다 → ___________

(5) 많다 → ___________　　　(6) 덥다 → ___________

4 〈보기〉와 같이 문장을 만드세요. Utwórz zdania według wzoru.

> 보기　　　　날씨가 좋아요. + 산책을 하세요.
> → <u>날씨가 좋으니까 산책을 하세요.</u>

(1) 오늘은 바빠요. + 내일 오세요.

→ ___________________________.

(2) 비가 와요. + 우산을 쓰세요.

→ ___________________________.

(3) 이 옷은 너무 비싸요. + 사지 마세요.

→ ___________________________.

(4) 이 책이 재미있어요. + 읽어 보세요.

→ ___________________________.

(5) 미하우 씨 생일이에요. + 꽃을 삽시다.

→ ___________________________.

(6) 날씨가 더워요. + 아이스크림을 먹을까요?

→ ___________________________?

본문 II

track 38

요즘 폴란드 친구들과 자주 만나고 있습니다. 미하우 씨가 그 친구들을 나에게 소개해 줬습니다. 그 친구들은 한국어를 전공합니다. 그래서 나는 그 친구들에게 한국어를 가르쳐 주고 그 친구들은 나에게 폴란드어를 가르쳐 줍니다. 요즘 그 친구들이 도와줘서 폴란드어 회화 연습을 많이 하고 있습니다. 어제 폴란드어 회화 시험이 있었습니다. 요즘 연습을 많이 해서 시험에서 5점을 받았습니다. 선생님께서 칭찬해 주셨습니다. 기분이 참 좋았습니다.

같이 공부합시다!

저는 폴란드어를 전공하는 한국 학생입니다.
저에게 폴란드어를 가르쳐 줄 친구를 찾습니다.
저에게 폴란드어를 가르쳐 주면 저는 한국어를 가르쳐 줄 수 있습니다.
그리고 같이 영화도 보고 식사도 할 수 있는 친구를 찾습니다.
관심이 있는 사람은 저에게 연락 주세요.

휴대전화: 000-000-000
이메일: nayeong@pjbook.com

어휘와 표현
Słownictwo i wyrażenia

회화 rozmowa, konwersacja	찾다 szukać, znaleźć
연습 ćwiczenie	관심 zainteresowanie
칭찬하다 pochwalić	연락 kontakt

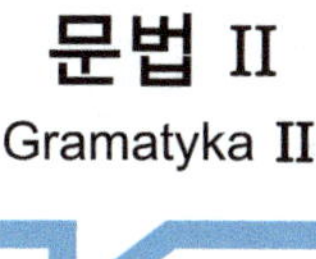

문법 II
Gramatyka II

1 N에게/께 'KOMU', 'dla KOGO'

'-에게/께' to rzeczownikowa końcówka gramatyczna osobowego dopełnienia dalszego o funkcji celownikowej. Ma ona dwie odrębne formy: aprecjatywną '-께' (honoryfikatywnie wywyższającą) oraz neutralną '-에게'.

진수는 나에게 편지를 썼습니다.

진수는 선생님께 편지를 썼습니다.

마렉 씨는 동생에게 선물을 줬어요.

마렉 씨는 어머니께 선물을 드렸어요.

2 N께서

Aprecjatywna (honoryfikatywnie wywyższająca) końcówka mianownika '-께서' komunikuje najczęściej osobowy podmiot zdania, w opozycji do analogicznej końcówki '-이/가', która ma charakter honoryfikatywnie neutralny.

동생이 왔습니다. → 할머니께서 오셨습니다.

친구가 노래를 부릅니다. → 부모님께서 노래를 부르십니다.

학생이 요리를 합니다. → 선생님께서 요리를 하십니다.

어휘와 표현
Słownictwo i wyrażenia

드리다 dawać, dać (hon.)

연습 II
Ćwiczenia II

1 더 알맞은 것에 O 하세요.   Zaznacz najlepiej pasującą końcówkę.

(1) 저는 내일 할머니(에게, 께) 편지를 쓸 거예요.

(2) 마렉 씨는 동생(에게, 께) 선물을 줬어요.

(3) 저는 선생님(에게, 께) 카드를 보낼 거예요.

(4) 선생님께서 저(에게, 께) 전화하실 거예요.

2 더 알맞은 것에 O 하세요.   Zaznacz najlepiej pasującą końcówkę.

(1) 선생님(이, 께서) 말씀하셨어요.

(2) 친구(가, 께서) 저를 기다리고 있어요.

(3) 동생(이, 께서) 아직 안 왔어요.

(4) 할아버지(가, 께서) 내일 오실 거예요.

3 〈보기〉와 같이 문장을 만드세요. Utwórz zdania według wzoru.

> **보기**
>
> 미하우 씨는 나영 씨에게 꽃을 줬어요. (미하우 씨, 나영 씨, 꽃)
> 에밀리아 씨는 할아버지께 선물을 드렸어요. (에밀리아 씨, 할아버지, 선물)

(1) _______________________________. (진수 씨, 동생, 사탕)

(2) _______________________________. (나영 씨, 선생님, 책)

(3) _______________________________. (나, 친구, 가방)

(4) _______________________________. (제 동생, 어머니, 카드)

4 〈보기〉와 같이 대화를 만드세요. Utwórz dialogi według wzoru.

<table>
<tr><td>보기</td><td>A</td><td>어머니께서는 지금 뭐 하세요? (어머니)</td></tr>
<tr><td></td><td>B</td><td>신문을 읽으세요. (신문, 읽다)</td></tr>
</table>

(1) A _________________________________? (할아버지)

    B _________________________________. (운동, 하다)

(2) A _________________________________? (아버지)

    B _________________________________. (텔레비전, 보다)

(3) A _________________________________? (선생님)

    B _________________________________. (음악, 듣다)

(4) A _________________________________? (할머니)

    B _________________________________. (음식, 만들다)

어휘와 표현

Słownictwo
i wyrażenia

사탕 słodycze

연습 Ⅲ
Ćwiczenia Ⅲ

1 track 39

잘 듣고, 여자가 제안을 거절한 이유를 연결하세요.
Wysłuchaj dialogów i zaznacz powód odmowy.

(1) •

(2) •

(3) •

• ① 날씨가 추워요.

• ② 시험이 있어서 바빠요.

• ③ 부모님께서 오세요.

2 잘 듣고 질문에 답하세요. Wysłuchaj dialogu i odpowiedz na pytania.

(1) 나영 씨가 친구에게 보낼 것을 모두 고르세요.
Zaznacz przedmioty, które Nayeong wyśle koleżance.

① 편지　② 그림　③ 차　④ 음악 CD

(2) 맞는 것을 고르세요. Zaznacz prawdziwe zdania.

① 나영 씨는 쇼팽을 아주 좋아합니다.
② 나영 씨는 친구에게 편지를 쓰고 있습니다.
③ 나영 씨는 수업이 끝나고 친구에게 줄 선물을 살 것입니다.

3 '-(으)니까'로 두 문장을 연결해서 가능한 한 많은 문장을 만드세요.
Używając '-(으)니까' utwórz możliwie jak najwięcej poprawnych zdań.

날씨가 추워요. •	• 공부하세요.
시끄러워요. •	• 내일 만나요.
날씨가 더워요. •	• 점심 먹으러 갈까요?
내일 시험이 있어요. •	• 아이스크림을 먹읍시다.
오늘은 시간이 없어요. •	• 밥 먹지 맙시다.
배가 고파요. •	• 도서관에 가요.
여기는 도서관이에요. •	• 문을 닫읍시다.
돈이 없어요. •	• 조용히 하세요.
	• 따뜻한 커피를 마실까요?
	• 아르바이트를 해야 돼요.

어휘와 표현
Słownictwo i wyrażenia

시끄럽다 być głośnym

14과 폴란드에서 잘 지내고 있어요

- 폴란드 음식 (kuchnia polska)

- 선물 (upominki, prezenty)

- 병과 증상 (choroby i ich objawy)

- 편지 (list)

본문 I

track 40

김진수 이 음식 이름이 뭐예요? 참 맛있어요.

에밀리아 '피에로기'예요.

김진수 한국에도 비슷한 음식이 있어요.

에밀리아 그래요? 이름이 뭐예요?

김진수 '만두'예요. 밀가루 반죽 안에 고기와 야채를 넣은 음식이에요.

에밀리아 그렇군요. 진수 씨는 폴란드 음식을 좋아해요?

김진수 네, 참 좋아해요.

에밀리아 처음부터 폴란드 음식을 좋아했어요?

김진수 아니요. 폴란드 음식이 조금 짜서 처음에는 잘 못 먹었어요.
        그렇지만 지금은 잘 먹게 되었어요.

이나영 안녕하세요, 미하우 씨?

미하우 아, 나영 씨! 잘 지내요? 어디에 가요?

이나영 선물 사러 백화점에 가요.

미하우 아, 그래요? 누구에게 줄 선물을 살 거예요?

이나영 조금 있으면 우리 언니 생일이에요.
        그래서 언니에게 줄 선물을 사러 가요.

미하우 그렇군요. 뭘 사 줄 거예요?

이나영 예쁜 스키 장갑을 살 거예요.
        언니가 스키를 아주 잘 타요.

미하우 좋은 생각이에요.

어휘와 표현
Słownictwo i wyrażenia

비슷하다 być podobnym

만두 *mandu* (kor. pierogi)

밀가루 mąka pszenna

반죽 ciasto

넣다 dodawać, wkładać

그렇다 być takim

잘 dobrze

지내다 spędzać czas

장갑 rękawiczki

생각 myśl, opinia, pomysł

문법 I
Gramatyka I

1 V-(으)ㄴ N   'N, który był V'

'V-(으)ㄴ N' to końcówka gramatyczna, tworząca formę przydawkową czasownika w czasie przeszłym.

① N이/가 V-았다/었다 → V-(으)ㄴ N

내 친구가 독일에서 왔다. → (오다 → 온) → 독일에서 온 내 친구

진수가 집으로 돌아갔다. → (돌아가다 → 돌아간) → 집으로 돌아간 진수

② N을/를 V-았다/었다 → V-(으)ㄴ N

과일을 시장에서 샀다. → (사다 → 산) → 시장에서 산 과일

책을 어제 읽었다. → (읽다 → 읽은) → 어제 읽은 책

편지를 작년에 받았다. → (받다 → 받은) → 작년에 받은 편지

2 잘 V   'dobrze'

Przysłówek o znaczeniu 'dobrze, wprawnie, z łatwością'. Występuje zawsze przed czasownikiem.

한국말을 잘해요.

마렉 씨는 노래를 잘 불러요.

주말 잘 지냈어요?

◎ W koreańskiej etykiecie językowej po zakończeniu posiłku używa się zwrotu '잘 먹었습니다.' (dosł. 'dobrze zjadłem/zjadłam') służącego do wyrażenia podziękowania za poczęstunek.

3 잘 못 V 'niedobrze'

Wyrażenie określające sytuację, gdy KTO nie potrafi CZEGO zrobić dobrze.

저는 그림을 잘 못 그려요.

한국말을 잘 못해요.

에바는 춤을 잘 춰요. 그렇지만 노래를 잘 못 불러요.

4 V-게 되다

Wyrażenie komunikujące zmianę stanu (sytuacja obecna jest inna niż sytuacja w przeszłości).

연습을 열심히 해서 노래를 잘 부르게 되었어요.

전에는 김치 냄새가 싫었어요. 그렇지만 지금은 김치찌개도 좋아하게 되었어요.

이 음식은 못 먹게 되었습니다. 상했습니다.

어휘와 표현
Słownictwo i wyrażenia

잘하다 dobrze CO robić

냄새 zapach, odór

싫다 być nie do zniesienia, znienawidzonym, nielubianym

상하다 zepsuć się

연습 I
Ćwiczenia I

1 〈보기〉와 같이 하세요. Uzupełnij według wzoru.

> **보기** (아까 찍었어요) 사진 → <u>아까 찍은</u> 사진

(1) (친구에게 줬어요) 책 → ___________________ 책

(2) (치즈를 넣었어요) 음식 → ___________________ 음식

(3) (시험을 봤어요) 학생 → ___________________ 학생

(4) (언니가 만들었어요) 만두 → ___________________ 만두

2 〈보기〉와 같이 문장을 만드세요. Utwórz zdania według wzoru.

> **보기** 아침에 음식을 먹었어요. 그 음식은 만두예요.
> → <u>아침에 먹은 음식은 만두예요.</u>

(1) 어제 한국 영화를 봤어요. 그 한국 영화는 '아저씨'예요.

→ ______________________________________.

(2) 아침에 차를 마셨어요. 그 차는 홍차예요.

→ ______________________________________.

(3) 어머니께 선물을 드렸어요. 그 선물은 목걸이였어요.

→ ______________________________________.

(4) 친구하고 같이 노래를 들었어요. 그 노래는 한국 노래예요.

→ ______________________________________.

(5) 백화점에서 옷을 샀어요. 그 옷은 아주 예뻐요.

→ ______________________________________.

(6) 미하우 씨가 불고기를 만들었어요. 그 불고기는 맛있었어요.

→ ______________________________________.

3 〈보기〉와 같이 대화를 완성하세요. Dokończ dialogi według wzoru.

보기

A 피아노 잘 쳐요? (피아노, 치다)

B 네, 잘 쳐요. / 아니요, 잘 못 쳐요.

(1) A _________________? (테니스, 치다)

B 네, _____________.

(2) A _________________? (수영, 하다)

B 아니요, _____________.

(3) A _________________? (스키, 타다)

B 네, _____________.

(4) A _________________? (그림, 그리다)

B 아니요, _____________.

(5) A _________________? (사진, 찍다)

B 네, _____________.

(6) A _________________? (노래, 부르다)

B 아니요, _____________.

4 〈보기〉와 같이 문장을 만드세요. Utwórz zdania według wzoru.

보기   한글을 잘 쓰게 되었어요. (한글, 잘 쓰다)

(1) _____________________. (기타, 잘 치다)

(2) _____________________. (김치, 좋아하다)

(3) _____________________. (그 사람, 싫어하다)

(4) _____________________. (수영, 배우다)

(5) _____________________. (비밀, 알다)

(6) _____________________. (폴란드어, 가르치다)

어휘와 표현
Słownictwo
i wyrażenia

비밀 sekret, tajemnica

본문 II

요즘 날씨가 갑자기 추워졌습니다. 그래서 저는 감기에 걸렸습니다. 지난 주말부터 목이 아프고 열이 났습니다. 목이 아파서 말을 잘 못 합니다. 또 몸도 많이 아파서 수업에 못 가고 기숙사에 있었습니다. 그런데 미하우 씨와 에밀리아 씨가 내 방에 왔습니다. 두 사람은 나에게 따뜻한 수프를 만들어 줬습니다. 그 수프를 먹고 몸이 많이 좋아졌습니다. 정말 고마웠습니다.

보고 싶은 어머니께

어머니, 그동안 안녕하셨어요? 저도 이곳 폴란드에서 잘 지내고 있어요. 폴란드 생활이 처음에는 좀 힘들었지만 이제는 많이 익숙해졌어요. 폴란드 음식이 짜서 처음에는 잘 못 먹었지만 이제는 잘 먹게 되었어요. 폴란드 친구도 많이 사귀었어요. 한국어를 배우는 친구들을 알게 돼서 저는 그 친구들에게 한국어를 가르쳐 주고, 그 친구들은 저에게 폴란드어를 가르쳐 줘요.

폴란드는 아주 아름다운 나라예요. 경치도 좋고 공기도 맑고 아름다운 건물도 많아요. 어머니도 폴란드에 한번 놀러 오시면 좋겠어요. 어머니가 오시면 같이 시내 구경도 하고 폴란드 음식도 먹고 공연도 보고 싶어요. 폴란드는 호박이 유명해서 호박 목걸이를 하나 샀어요. 제가 산 목걸이를 보내 드려요.

그럼 건강 조심하시고 안녕히 계세요.

2010년 11월 20일

진수 올림

어휘와 표현

Słownictwo i wyrażenia

갑자기 nagle	힘들다 być ciężkim, żmudnym	한번 jeden raz
열 gorączka	이제 teraz	공연 przedstawienie
나다 pojawić się	익숙하다 być przyzwyczajonym, obeznanym	건강 zdrowie
열이 나다 mieć gorączkę (dostać gorączki)	익숙해지다 przyzwyczaić się	조심하다 uważać
그동안 w tym czasie	경치 widok	안녕히 계세요 do widzenia
이곳 to miejsce	공기 powietrze	올림 z poważaniem (przy pisaniu listu)
생활 życie	맑다 być czystym	

문법 II
Gramatyka II

1 A-아지다/어지다

'A-아지다/어지다' to końcówka dodawana do tematu przymiotników, która tworzy czasownikowe formy przymiotników oznaczające początek lub zmianę stanu.

① Gdy w ostatniej sylabie tematu przymiotnika jest 'ㅏ/ㅗ': A + -아지다

· 작다 → 작아지다　　　　　　· 좁다 → 좁아지다

여기부터 길이 좁아집니다. 조심해서 운전하세요.

불을 켰어요. 방이 밝아졌어요.

② Czasownik posiłkowy '-하다' przyjmuje formę '-해지다'.

· 따뜻하다 → 따뜻해지다　　　· 시원하다 → 시원해지다

가을이 되면 날씨가 시원해집니다.

봄이 왔어요. 따뜻해졌어요.

③ W pozostałych przypadkach: A + -어지다

· 맛있다 → 맛있어지다　　　· 덥다 → 더워지다

김치가 맛있어졌어요.

여름이에요. 더워졌습니다.

해가 집니다. 바깥이 어두워집니다.

겨울이 되었어요. 추워졌어요.

◎ '-지다', które jest elementem składowym '-아지다/어지다' łączy się z końcówkami finitywnymi '-어요' lub '-었어요', co w rezultacie daje formy '-져요', '-졌어요'.

2 Z-(으)면 좋겠다   'dobrze byłoby, gdyby Z'

Konstrukcja komunikująca pragnienie, życzenie lub oczekiwanie nadawcy.

날씨가 따뜻해지면 좋겠어요.

한국에 빨리 가면 좋겠습니다.

눈이 오면 좋겠습니다.

시원한 바람이 불면 좋겠어요.

오늘은 이 옷을 입으면 좋겠어요.

폴란드 음식을 먹으면 좋겠어요.

3 V-아/어 드리다

Konstrukcja 'V-어 드리다' ma takie samo znaczenie jak '-어 주다' (oznacza czynność wykonywaną na rzecz kogoś), ale jest używana, gdy odbiorca czynności jest osobą wyżej usytuowaną w hierarchii.

여기서 환전을 해 드려요.

부모님께 한국 여행 사진을 보여 드릴 거예요.

제가 도와 드릴까요?

한국 노래를 가르쳐 드릴게요.

어휘와 표현
Słownictwo
i wyrażenia

길 droga	해 słońce
운전하다 prowadzić samochód	(해가) 지다 zachodzić (słońce)
불 światło	바깥 na zewnątrz
밝다 być jasnym	어둡다 być ciemnym, mrocznym
되다 zostać, stać się, stawać się	환전 wymiana waluty

연습 II
Ćwiczenia II

1 〈보기〉와 같이 문장을 만드세요. Utwórz zdania według wzoru.

> **보기** 날씨가 추워졌어요. (날씨, 춥다)

(1) _________________________. (옷, 작다)

(2) _________________________. (길, 복잡하다)

(3) _________________________. (얼굴, 예쁘다)

(4) _________________________. (일, 힘들다)

(5) _________________________. (집값, 비싸다)

(6) _________________________. (눈, 나쁘다)

2 〈보기〉와 같이 'Z-(으)면 좋겠어요'를 써서 이어질 문장을 만들어 보세요.
Utwórz zdania stosując 'Z-(으)면 좋겠어요'.

> **보기** 날씨가 추워요. 따뜻한 커피를 마시면 좋겠어요.

(1) 내일은 제 생일이에요. _____________________.

(2) 요즘 너무 바빠요. _____________________.

(3) 저는 피아노를 잘 못 쳐요. _____________________.

(4) 입을 옷이 없어요. _____________________.

3 〈보기〉와 같이 문장을 만드세요. Utwórz zdania według wzoru.

> **보기** 저는 어머니께 선물을 사 드렸어요. (저, 어머니, 선물, 사다)

(1) _________________________. (미하우 씨, 할머니, 책, 읽다)

(2) _________________________. (제 친구, 할아버지, 음식, 만들다)

(3) _________________________. (나, 선생님, 그림, 그리다)

(4) _________________________. (진수 씨, 어머니, 사진, 보내다)

어휘와 표현
Słownictwo i wyrażenia

복잡하다 być skomplikowanym, trudnym　　　　눈 oko

집값 cena domu

연습 Ⅲ
Ćwiczenia Ⅲ

1 track 42 요즘 날씨가 어때요? 잘 듣고 맞는 그림을 연결하세요.
Jaka jest pogoda? Wysłuchaj dialogu i zaznacz odpowiedni rysunek.

(1) •

(2) •

(3) •

• (a) 

• (b) 

• (c) 

2 잘 듣고 질문에 답하세요. Wysłuchaj opowiadania i odpowiedz na pytania.

(1) 이 학생은 왜 한국에 왔습니까? Dlaczego student przyjechał do Korei?
　① 한국을 더 잘 알고 싶어서
　② 한국 친구가 많아서
　③ 한국 회사에서 일하고 싶어서

(2) 맞는 것을 고르세요. Zaznacz prawdziwe zdania.
　① 지금도 한국 생활이 많이 힘듭니다.
　② 내년 3월까지 한국에서 공부할 것입니다.
　③ 매운 음식을 잘 못 먹습니다.

3 친구들에게 다음을 잘하는지 물어보고 잘하는 사람 이름을 써 보세요.
Zapytaj się kolegów i koleżanek o to, co umieją dobrze robić i zapisz ich imiona.

피아노를 잘 쳐요?

네, 잘 쳐요.

아니요, 잘 못 쳐요.

	잘하는 사람
피아노	
수영	
테니스	
축구	
그림	
사진	
기타	
영어	

4 자신의 바람이나 소망을 〈보기〉와 같이 써 보고 친구들과 이야기해 보세요.
Zapisz swoje życzenia według wzoru i porozmawiaj z kolegami/koleżankami.

보기

1. 한국어를 잘하면 좋겠어요.
2. 어머니께서 오시면 좋겠어요.

어휘와 표현
Słownictwo
i wyrażenia

지난달 zeszły miesiąc

영어 język angielski

건강하다 być zdrowym

15과

우리 같이 차를 마실까요?

- 새 친구 (nowy kolega)
- 전화 통화 (rozmowa telefoniczna)
- 감기 (przeziębienie)
- 민간요법 (domowe sposoby leczenia)

본문 I

track 43

이나영   에밀리아 씨, 오랜만이에요.

에밀리아   나영 씨, 안녕하세요?
이 사람은 제 친구 표트르예요.

표트르   안녕하세요? 저는 표트르라고 합니다.

이나영   어머, 표트르 씨도 한국말을 할 줄 알아요?

표트르   네. 그런데 잘 못해요.

이나영   아니에요. 아주 잘해요. 발음도 좋아요.

표트르   고맙습니다. 나영 씨는 폴란드말을 할 줄 알아요?

이나영   지금 배우고 있는데 아직 잘 못해요.

에밀리아   표트르는 폴란드어 선생님이에요.

이나영   그렇군요.

에밀리아   우리 같이 가서 차를 마실까요?

이나영   네, 좋아요.

표트르   그렇게 합시다.

나는 오늘 에밀리아 씨의 친구 표트르 씨를 만났습니다. 표트르 씨는 폴란드어 선생님이지만 한국말을 할 줄 압니다. 우리는 같이 차를 마시면서 이야기를 많이 했습니다. 표트르 씨는 우리에게 재미있는 이야기를 많이 해 주었습니다. 표트르 씨는 재미있고 친절한 사람인 것 같습니다. 에밀리아 씨와 나는 다음 주말에 표트르 씨를 만나서 같이 영화를 볼 것입니다.

어휘와 표현
Słownictwo
i wyrażenia

오랜만 po długim czasie

어머 och (wykrzyknik)

발음 wymowa

문법 I
Gramatyka I

1 N-(이)라고 하다

Jest to zwrot wprowadzający do zdania nazwy własne (np. przy przedstawianiu się z imienia, bądź z imienia i nazwiska, lub przy podawaniu nazwy własnej miejsca, obiektu, tytułu, itd).

> Gdy rzeczownik kończy się na spółgłoskę: N + -이라고 하다
> Gdy rzeczownik kończy się na samogłoskę: N + -라고 하다
>
> · 한복 + -이라고 → 한복이라고
> · 해바라기 + -라고 → 해바라기라고

이 꽃은 해바라기라고 합니다.

한국의 전통적인 옷은 '한복'이라고 하고, 한국의 전통적인 집은 '한옥'이라고 합니다.

◎ Wyrażenie to jest używane w sytuacji, gdy przedstawiamy się KOMU po raz pierwszy.

안녕하세요? 저는 김진수라고 합니다.

처음 뵙겠습니다. 저는 미하우라고 합니다.

2 V-(으)ㄹ 줄 알다/모르다 'umieć , potrafić V/nie umieć, nie potrafić V'

'V-(으)ㄹ 줄 알다/모르다' to konstrukcja komunikująca umiejętność wykonania czynności lub jej brak (możliwość lub niemożność wykonania czynności, jeżeli wynika ona z wiedzy bądź niewiedzy podmiotu).

자동차를 운전할 줄 알아요.

클라리넷을 불 줄 알아요?

한글을 읽을 줄 압니다.

저는 폴란드말을 할 줄 몰라요.

스키를 탈 줄 모르는군요.

3 N인 것 같다

Konstrukcja przypuszczająca od spójki '-이다' często występuje w schemacie zdaniowym 'N1이/가 N2인 것 같다' i komunikująca znaczenie 'N1 wydaje się być N2', 'N1 robi wrażenie N2', 'N1 chyba jest N2'.

여기는 학교인 것 같아요.

저 집이 베아타 씨 집인 것 같습니다.

이게 진수 씨 전자우편 주소인 것 같습니다.

저분이 한국어 선생님이신 것 같아요.

어휘와 표현
Słownictwo i wyrażenia

해바라기 słonecznik

전통적인 tradycyjny

한옥 *hanok* (tradycyjny dom koreański)

처음 뵙겠습니다 dosł. widzę pana, panią po raz pierwszy

자동차 samochód

클라리넷 klarnet

전자우편 poczta elektroniczna

주소 adres

연습 I
Ćwiczenia I

1 〈보기〉와 같이 문장을 만드세요. Utwórz zdania według wzoru.

> **보기** 저는 미하우라고 합니다. (저, 미하우)

(1) ___________________________. (저, 에밀리아)

(2) ___________________________. (이 음식, 주렉)

(3) ___________________________. (저 꽃, 백합)

(4) ___________________________. (저 공원, 와지엔키 공원)

2 〈보기〉와 같이 대화를 완성하세요. Dokończ dialogi według wzoru.

> **보기** A 테니스를 칠 줄 알아요? (테니스, 치다)
> B 네, 칠 줄 알아요. / 아니요, 칠 줄 몰라요.

(1) A ___________________? (운전, 하다)

 B 네, ___________.

(2) A ___________________? (자전거, 타다)

 B 아니요, ___________.

(3) A ___________________? (한국 음식, 만들다)

 B 네, ___________.

(4) A ___________________? (기타, 치다)

 B 아니요, ___________.

(5) A ___________________? (한자, 쓰다)

 B 네, ___________.

(6) A ___________________? (라면, 끓이다)

 B 아니요, ___________.

3 그림을 보고 〈보기〉와 같이 문장을 만드세요. Popatrz na rysunki i utwórz zdania według wzoru.

| 보기 | <u>가방인 것 같아요</u>. |

(1) _______________________.

(2) _______________________.

(3) _______________________.

(4) _______________________.

어휘와 표현

Słownictwo
i wyrażenia

백합 lilia

자전거 rower

라면 *ramyeon*

끓이다 gotować, wrzeć

본문 II

track 44

표트르	여보세요.
김진수	거기 미하우 씨 집이지요?
표트르	네, 그렇습니다.
김진수	저는 미하우 씨 친구 김진수라고 합니다. 미하우 씨 좀 바꿔 주세요.
표트르	미하우가 지금 자는 것 같아요.
김진수	아, 그래요? 미하우 씨가 아파요?
표트르	네, 좀 아픈 것 같아요.
김진수	언제부터 아팠어요?
표트르	어젯밤부터요. 아, 잠깐만요. 미하우가 일어났어요.
미하우	여보세요.
김진수	미하우 씨, 많이 아파요?
미하우	네. 열이 나고 목이 아파요.
김진수	그럼 따뜻한 물을 많이 드세요.
미하우	네, 알았어요. 고마워요. 그런데 무슨 일 있어요?
김진수	아니에요. 그냥 같이 저녁 먹고 싶어서 전화했어요.

어휘와 표현
Słownictwo i wyrażenia

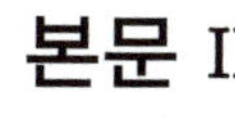

여러분은 감기에 걸리면 어떻게 합니까? 한국 사람들은 보통 조금 아프면 약국에서 약을 사서 먹습니다. 많이 아프면 병원에 갑니다. 그리고 특별한 음식도 먹습니다. 한국 사람들은 감기에 걸리면 보통 콩나물국을 많이 먹습니다. 콩나물은 비타민 C가 많아서 감기에 좋습니다. 감기에 걸리면 춥고 열이 많이 납니다. 이때는 생강차를 마시면 몸이 따뜻해집니다. 모과차도 감기에 좋습니다. 모과차는 특히 목감기에 좋습니다. 여러분도 감기에 걸리면 콩나물국, 생강차, 모과차를 드셔 보세요.

어젯밤 wczorajsza noc (wieczór)	약 lekarstwo	이때 w tym czasie, wtedy
잠깐만요 chwileczkę	특별하다 być szczególnym	생강차 herbata imbirowa
들다 jeść (hon.)	콩나물국 zupa z kiełków soi	모과차 herbata z pigwy
그냥 po prostu	콩나물 kiełki soi	목감기 ból gardła
약국 apteka	비타민 witamina	

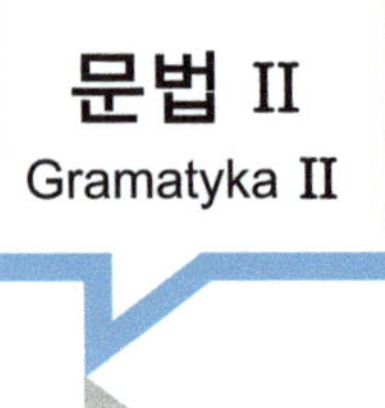

1 V-는 것 같다

Konstrukcja przypuszczająca (niższego stopnia pewności sądu), odnosząca się do czynności lub zdarzenia, mającego miejsce w chwili mówienia.

진수 씨가 지금 출발하는 것 같아요.

서울은 지금 눈이 오는 것 같아요.

미하우 씨는 아직 자는 것 같습니다.

2 A-(으)ㄴ 것 같다

Przypuszczająca konstrukcja przymiotnikowa komunikująca subiektywne wrażenie nadawcy. Nadawca unika tutaj manifestowania zbytniej pewności sądu.

이 옷은 좀 큰 것 같군요.

방이 조금 더운 것 같아요.

바깥 날씨가 추운 것 같습니다.

3 N1이/가 N2에/에게 좋다   'N1 jest dobre dla N2'

Konstrukcja wyrażająca znaczenie pożytku, przydatności lub korzystnego działania w relacji zestawianych obiektów 'N1 jest dobre (korzystne, wskazane) dla, na N2', 'zastosowanie/użycie N1 polepszy stan N2'. Jeżeli N2 jest rzeczownikiem osobowym to używa się końcówki gramatycznej '-에게'.

콩나물국이 감기에 좋습니다.

모과차가 목감기에 좋군요.

비타민 C는 피로회복에 좋습니다.

우유는 아이들에게 좋아요.

A   요가는 여자에게 좋은 운동이에요.

B   요가는 남자한테도 좋은 운동입니다.

어휘와 표현

Słownictwo
i wyrażenia

피로 zmęczenie

회복 wyzdrowienie

아이 dziecko

요가 joga

남자 mężczyzna

연습 II
Ćwiczenia II

1 그림을 보고 〈보기〉와 같이 문장을 만드세요. Popatrz na rysunki i utwórz zdania według wzoru.

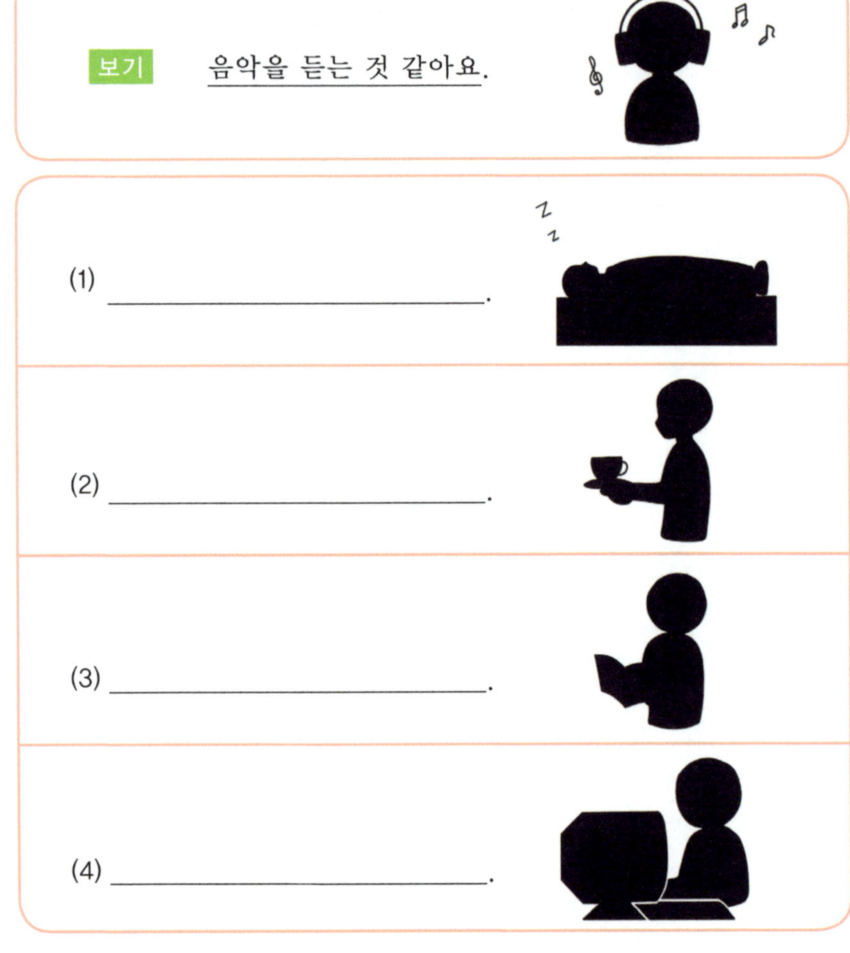

보기   <u>음악을 듣는 것 같아요.</u>

(1) _______________________________.

(2) _______________________________.

(3) _______________________________.

(4) _______________________________.

2 〈보기〉와 같이 문장을 만드세요. Utwórz zdania według wzoru.

보기   <u>날씨가 더운 것 같아요.</u> (날씨, 덥다)

(1) _______________________________. (옷, 비싸다)

(2) _______________________________. (사람, 많다)

(3) _______________________________. (표트르 씨, 바쁘다)

(4) ________________________________. (이 책, 쉽다)

(5) ________________________________. (음식, 짜다)

(6) ________________________________. (저 영화, 재미있다)

3 〈보기〉와 같이 문장을 만드세요. Utwórz zdania według wzoru.

> 보기　오렌지 주스가 감기에 좋아요. (오렌지 주스, 감기)

(1) ________________________________. (이 약, 두통)

(2) ________________________________. (비타민 C, 피부)

(3) ________________________________. (이 영화, 아이들)

(4) ________________________________. (이 사전, 초등학생)

어휘와 표현
Słownictwo
i wyrażenia

두통 ból głowy

피부 skóra

초등학생 uczeń szkoły podstawowej

연습 Ⅲ
Ćwiczenia Ⅲ

track 45

1 잘 듣고 진수 씨가 할 줄 아는 것을 모두 고르세요.
Wysłuchaj dialogu i zaznacz to, co Jinsu umie (robić).

① 기타 ② 피아노 ③ 바이올린 ④ 러시아어 ⑤ 프랑스어 ⑥ 일본어

2 잘 듣고 질문에 답하세요. Wysłuchaj dialogu i odpowiedz na pytania.

(1) 맞는 것을 고르세요. Zaznacz prawdziwe zdania.

① 열은 있지만 목은 안 아파요.
② 찬 물을 자주 마셔야 해요.
③ 3일 후에 다시 와야 해요.

(2) 여자는 약을 몇 번 먹어야 합니까? 쓰세요.
Ile razy kobieta musi zażyć lekarstwo?

하루에 ______번

3 다음 그림을 보고 친구와 나라 이름을 알아맞혀 봅시다.
Popatrz na rysunki i odgadnij nazwę kraju.

4 아래에 제시된 단어들과 'N1이/가 N2에/에게 좋다'를 이용해서 문장을 만들어 보세요. Utwórz zdania używając poniższych wyrazów i konstrukcji 'N1이/가 N2에/에게 좋다'.

비타민 C, 커피, 우유, 물, 등산, 과일, 고기, 생선, 스키, 수영, 여행

비타민 C가 피부에 좋아요

어휘와 표현
Słownictwo
i wyrażenia

연습하다 ćwiczyć

고등학교 liceum, szkoła średnia

어떻게 오셨어요? w czym mogę pomóc?

다시 ponownie

등산 chodzenie po górach, wspinaczka górska

- 듣기 원고 Treść słuchanek
- 모범 답안 Odpowiedzi
- 단어 목록 Lista słówek

듣기 원고

Treść słuchanek

1과

1

이나영 안녕하세요? 저는 이나영입니다.
마렉 안녕하세요? 저는 마렉입니다.
　　　 나영 씨는 학생입니까?
이나영 네, 학생입니다. 마렉 씨도 학생입니까?
마렉 아니요, 회사원입니다.
　　　 나영 씨는 한국 사람입니까?
이나영 네, 한국 사람입니다.

2
(1) 여기는 은행입니다.
(2) 저기는 극장입니다.
(3) 저기는 도서관입니다.
(4) 여기는 우체국입니다.

2과

1

A 표트르 씨는 오늘 어디에 갑니까?
B 도서관에 갑니다.
A 나영 씨도 도서관에 갑니까?
B 아니요. 나영 씨는 백화점에 갑니다.
A 진수 씨는 어디에 갑니까?
B 공원에 갑니다.

2

오늘은 토요일입니다. 저는 오늘 학교에 가지 않습니다. 공원에서 운동을 합니다. 그리고 친구를 만납니다. 카페테리아에서 점심을 먹습니다. 커피도 마십니다.

3과

1
(1) A: 오늘은 무엇을 합니까?
　　 B: 수영을 합니다.
(2) A: 내일은 무엇을 합니까?
　　 B: 공원에서 산책을 합니다.
(3) A: 금요일에 무엇을 합니까?
　　 B: 영화를 봅니다.

2

오늘은 일요일입니다. 날씨가 좋습니다. 나는 오늘 친구를 만납니다. 영화를 보고 공원에 갑니다. 공원에서 산책을 합니다. 그리고 식당에 갑니다. 이 식당은 음식이 아주 맛있습니다. 식사를 하고 차를 마십니다.

4과

1

A 이것은 뭐예요?
B 침대예요.
A 침대 옆에 무엇이 있어요?
B 책상이 있어요.
A 우산은 어디에 있어요?
B 책상 위에 있어요.

2
(1) 어디에서 왔어요?
(2) 언제 서울에 왔어요?
(3) 에바 씨는 어디에 있어요?
(4) 어제 뭐 했어요?

5과

1
(1) A: 어서 오세요. 여기 앉으세요.
　　 B: 오렌지 주스 두 잔 주세요.
(2) A: 어서 오세요. 여기 앉으세요.
　　 B: 커피 다섯 잔 주세요.
(3) A: 어서 오세요. 여기 앉으세요.
　　 B: 맥주 세 병 주세요.

2

(1) A: 무엇을 할까요?

　　B: 한국어를 공부합시다.

(2) A: 어디에 갈까요?

　　B: 시장에 갑시다.

(3) A: 무엇을 먹을까요?

　　B: 비고스를 먹읍시다.

3

A　이 시계 얼마예요?

B　칠만 원이에요.

A　너무 비싸요. 저 모자는 얼마예요?

B　이만 원이에요.

A　그럼 모자 주세요.

6과

1

파베우　나영 씨, 이번 방학에 고향에 갈 거예요?

이나영　아니요, 프랑스에 갈 거예요. 프랑스에 친구 집이 있어요. 파베우 씨는 뭐 할 거예요?

파베우　수영을 배울 거예요. 그리고 책도 많이 읽을 거예요.
나영 씨는 프랑스에서 뭐 할 거예요?

이나영　여행도 하고 사진도 찍을 거예요. 그리고 쇼핑도 하고 프랑스 음식도 많이 먹고 싶어요.

2

　저는 오늘 아침에 일찍 일어나서 운동을 했어요. 그리고 밥을 먹고 학교에 갔어요. 공부를 했어요. 오후에 친구를 만나서 영화를 봤어요. 영화는 정말 재미있었어요.

7과

1

(1) A: 지금 몇 시예요?

　　B: 두 시 이십 분이에요.

(2) A: 지금 몇 시예요?

　　B: 일곱 시 삼십 분이에요.

(3) A: 지금 몇 시예요?

　　B: 열두 시 이십오 분이에요.

(4) A: 지금 몇 시예요?

　　B: 다섯 시 오십 분이에요.

2

파베우　나영 씨, 오늘 저녁에 우리 집에 오세요. 진수 씨도 올 거예요.

이나영　미안해요, 파베우 씨. 저녁에 아르바이트가 있어요.

파베우　그럼 아르바이트 끝나면 오세요. 몇 시에 끝나요?

이나영　7시에 끝나요.

파베우　그럼 8시쯤 오세요. 우리 집 알지요?

이나영　네, 알아요. 백화점 옆에 있지요?

파베우　네, 맞아요.

8과

1

(1) 배가 아파서 학교에 못 갔어요.

(2) 날씨가 추워서 운동을 못 했어요.

(3) 돈이 없어서 옷을 못 샀어요.

(4) 바빠서 친구를 못 만났어요.

2

　우리 가족은 모두 다섯 명이에요. 아버지, 어머니, 언니, 오빠, 그리고 저예요. 아버지는 은행에서 일하시고 어머니는 회사에 다니세요. 언니는 선생님이고 오빠는 대학생이에요. 저는 우리 가족을 모두 좋아해요.

9과

1

A　누가 미하우 씨예요?

B　저기에서 책 읽는 사람이에요.

A　음악을 듣는 사람은요?

B　그 사람은 얀 씨예요.

A　그럼 얀 씨 옆에서 커피 마시는 사람은 누구예요?

B　마렉 씨예요.

2

저는 음악을 아주 좋아합니다. 그렇지만 요즘 바빠서 음악을 자주 듣지 못합니다. 아르바이트도 해야 하고 폴란드어 공부도 해야 됩니다. 그렇지만 시간이 있으면 하루 종일 집에서 쉬면서 음악을 듣고 싶습니다. 이번 방학에는 기타를 배울 것입니다. 기타를 배워서 음악을 좋아하는 친구들하고 같이 연주하고 싶습니다.

10과

1

(1) 내일 비가 올까요?

(2) 남대문시장에 가 봤어요?

2

A 이번 방학에 서울에 갈 거예요.

B 그래요? 서울에 가면 남대문시장에 가 보세요. 재미있고 예쁜 물건들을 많이 팔아요.

A 인사동은 어때요?

B 인사동에는 한국 음식점이 아주 많이 있어요. 거기 가면 맛있는 한국 음식을 먹을 수 있을 거예요.

A 서울에 박물관도 있어요?

B 네, 서울에는 아주 큰 박물관이 있어요. 이름은 국립중앙박물관이에요. 거기에 가면 옛날부터 지금까지의 한국 역사도 알 수 있고 옛날 물건들도 구경할 수 있어요.

11과

1

(1) A: 왜 지각했어요?

B: 버스가 늦게 와서 지각했어요.

(2) A: 왜 숙제를 못 했어요?

B: 시간이 없어서 못 했어요.

(3) A: 왜 어제 학교에 안 갔어요?

B: 수업이 없어서 안 갔어요.

2

이나영　여보세요? 진수 씨, 10분 후에 영화가 시작해요. 왜 안 와요?

김진수　미안해요, 나영 씨. 버스가 너무 늦게 왔어요. 지금 가고 있어요. 5분 후에 도착할 거예요.

이나영　네, 빨리 오세요. 지금 극장 앞에서 기다리고 있어요.

3

이나영　미하우 씨, 지금 어디에 있어요?

미하우　지금 집에서 공부하고 있어요.

＊　＊　＊

이나영　진수 씨, 지금 어디에 있어요?

김진수　학교에 있어요. 친구를 만나고 있어요.

＊　＊　＊

이나영　에밀리아 씨, 지금 어디에 있어요?

에밀리아　공원이에요. 그림 그리고 있어요.

12과

1

김진수　내일이 표트르 씨 생일이지요? 미하우 씨는 뭘 준비할 거예요?

미하우　저는 음식을 만들 거예요.

김진수　에밀리아 씨는요?

에밀리아　저는 꽃을 살 거예요.

김진수　나영 씨는요?

이나영　저는 카드를 쓰고 선물을 살 거예요. 진수 씨는 뭐 할 거예요?

김진수　저는 미하우 씨하고 같이 맛있는 폴란드 음식을 준비할게요.

2

선생님　표트르 씨, 이번 시험이 중간시험보다 어려웠어요?

표트르　네, 열심히 공부했는데 문제가 너무 어려웠어요.

선생님　쓰기하고 읽기 점수는 좋은데 말하기, 듣기 점수는 나쁘군요.

표트르　그럼 어떻게 공부해야 될까요?

선생님　한국 친구하고 많이 이야기하고 한국 드라마도 많이 보세요. 그렇게 할 수 있지요?

표트르　네, 그렇게 할게요.

13과

1 (1) A: 오늘 영화 보러 갈까요?

　　 B: 미안해요. 오늘은 시험이 있어서 바쁘니까 다음에 봐요.

　(2) A: 산책하러 공원에 갈까요?

　　 B: 오늘 부모님께서 오셔서 공항에 가야 돼요. 다음에 가요.

　(3) A: 수영하러 갈까요?

　　 B: 날씨가 추우니까 주말에 가요.

2

미하우　나영 씨, 지금 뭐 하고 있어요?

이나영　한국에 있는 친구에게 편지를 쓰고 있어요.

미하우　이건 뭐예요?

이나영　친구에게 줄 선물이에요. 제 친구가 쇼팽을 좋아해서 쇼팽 음악 CD를 샀어요.

미하우　언제 보낼 거예요?

이나영　수업이 끝나고 우체국에 가서 보낼 거예요.

미하우　저도 같이 갈까요?

이나영　좋아요.

14과

1 (1) A: 요즘 날씨가 어때요?

　　 B: 지난달에는 눈이 오고 추웠는데 이번 주부터 따뜻해졌어요.

　(2) A: 요즘 날씨가 어때요?

　　 B: 이제 눈도 오고 많이 추워졌어요.

　(3) A: 요즘 날씨가 어때요?

　　 B: 아직 5월인데 아주 더워졌어요.

2

　저는 한국어를 배우는 폴란드 학생입니다. 한국어를 더 잘하고 싶고 한국을 좀 더 잘 알고 싶어서 지난 3월부터 한국에서 공부를 하고 있습니다. 처음에는 한국 생활이 많이 힘들었지만 이제는 익숙해졌습니다. 한국 친구들도 아주 많아졌습니다. 그 친구들이 한국말을 잘 못하는 저를 자주 도와줍니다. 아직 매운 음식은 잘 못 먹지만 저는 한국 생활을 아주 좋아합니다.

15과

1

에밀리아　진수 씨, 기타를 잘 치는군요.

김진수　네, 기타를 좋아해서 매일 연습하고 있어요.

에밀리아　다른 악기도 연주할 줄 알아요?

김진수　피아노도 조금 칠 줄 알아요.

에밀리아　바이올린은요?

김진수　바이올린은 못 켜요.

에밀리아　일본어도 할 줄 알지요?

김진수　네, 고등학교에서 배웠어요. 에밀리아 씨는요?

에밀리아　일본어는 못하지만 러시아어하고 프랑스어를 할 줄 알아요.

2

의사　어떻게 오셨어요?

여자　머리가 많이 아프고 열이 나서 왔어요.

의사　목은 안 아파요?

여자　아파요.

의사　"아" 해 보세요.

여자　아.

의사　감기에 걸렸군요. 찬 음식은 드시지 말고 따뜻한 물을 자주 드세요. 그리고 3일 후에 다시 오세요.

여자　약도 먹어야 해요?

의사　하루에 두 번, 아침, 저녁에 먹어야 해요. 학교에 가지 말고 쉬세요.

모범 답안
Odpowiedzi

1과

연습 I

1 (1) 는 (2) 은 (3) 는 (4) 는
2 (1) 마르타입니다
   (2) 마렉입니다
   (3) 표트르입니다
   (4) 에밀리아입니다
3 (1) 마이클은 미국 사람입니다
   (2) 한스는 독일 사람입니다
   (3) 마리는 프랑스 사람입니다
   (4) 메이는 중국 사람입니다
4 (1) 은행원입니까
   (2) 학생입니까
   (3) 의사입니까
   (4) 선생님입니까
5 (1) 아니요 (2) 네 (3) 네 (4) 아니요
6 (1) 김진수 씨도 (2) 표트르 씨도
   (3) 마렉 씨도 (4) 요안나 씨도

연습 II

1 (1) 이 (2) 이 (3) 가 (4) 이
2 (1) 진수 씨는 회사원이 아닙니다
   (2) 마이클 씨는 선생님이 아닙니다
   (3) 한스 씨는 은행원이 아닙니다
   (4) 마리 씨는 간호사가 아닙니다
3 (1) 여기는 어디입니까, 우체국입니다
   (2) 저기는 어디입니까, 극장입니다
   (3) 저기는 어디입니까, 도서관입니다
   (4) 여기는 어디입니까, 병원입니다
4 (1) 이것은 무엇입니까, 책상입니다
   (2) 그것은 무엇입니까, 의자입니다
   (3) 저것은 무엇입니까, 우산입니다
   (4) 저것은 무엇입니까, 가방입니다
5 (1) c (2) b (3) d (4) a

연습 III

1 (1) O (2) X
2 (1) c (2) b (3) a (4) d

2과

연습 I

1 (1) 잡니다, 잡니까
   (2) 먹습니다, 먹습니까
   (3) 읽습니다, 읽습니까
   (4) 쉽니다, 쉽니까
   (5) 비쌉니다, 비쌉니까
   (6) 좋습니다, 좋습니까
2 (1) 도서관에 갑니다
   (2) 식당에 갑니다
   (3) 은행에 갑니다
   (4) 극장에 갑니다
3 (1) 만나지 않습니다 (2) 입지 않습니다
   (3) 쓰지 않습니다 (4) 듣지 않습니다
   (5) 크지 않습니다 (6) 작지 않습니다
4 (1) 을 (2) 를 (3) 를 (4) 을
5 (1) 한국어를 공부합니다
   (2) 주렉을 먹습니다
   (3) 옷을 삽니다
   (4) 주스를 마십니다
6 (1) 책을 읽습니다
   (2) 노래를 부릅니다
   (3) 한국 음식을 좋아합니다
   (4) 외국어를 배웁니다
7 (1) 친구를 만나지 않습니다
   (2) 커피를 마시지 않습니다
   (3) 불고기를 먹지 않습니다
   (4) 영화를 보지 않습니다

연습 II

1 (1) 시장에서 사과를 삽니다
   (2) 도서관에서 책을 읽습니다
   (3) 식당에서 밥을 먹습니다
   (4) 커피숍에서 커피를 마십니다
2 (1) 누구 (2) 무엇 (3) 누구
   (4) 어디 (5) 무엇 (6) 어디

연습 III

1 (1) c (2) a (3) b
2 (1) X (2) O (3) X (4) O (5) O (6) X

3과

연습 I

1 (1) 날씨가 좋습니다
(2) 이 옷이 비쌉니다
(3) 이 책이 재미있습니다
(4) 신발이 작습니다

2 (1) 미하우 씨와 김진수 씨
(2) 의사와 간호사
(3) 도서관과 체육관
(4) 봄과 여름

3 월요일, 목요일, 토요일

4 (1) 무슨 꽃입니까 (2) 무슨 책입니까
(3) 무슨 주스입니까 (4) 무슨 음식입니까

연습 II

1 (1) 화요일에 합니다 (2) 수요일에 갑니다
(3) 금요일에 만납니다 (4) 토요일에 배웁니다

2 (1) 오늘 (2) 가을에 (3) 오후에 (4) 매일

3 (1) 에밀리아 씨는 운동을 하고 학교에서 공부합니다
(2) 영화를 보고 아이스크림을 먹습니다
(3) 이 옷은 싸고 예쁩니다
(4) 그 사람은 착하고 친절합니다

연습 III

1 (1) b (2) c (3) a

2 (1) 친구를 만납니다. (5) 차를 마십니다.
(2) 영화를 봅니다. (4) 식사를 합니다.
(3) 공원에서 산책을 합니다.

4과

연습 I

1 (1) 먹어요 (2) 읽어요 (3) 봐요 (4) 좋아해요
(5) 마셔요 (6) 싸요 (7) 재미있어요
(8) 따뜻해요 (9) 작아요 (10) 좋아요

2 (1) 책을 읽어요 (2) 친구를 만나요
(3) 프랑스어를 배워요 (4) 영화를 봐요

3 (1) 옷이 비싸요 (2) 김치가 맛있어요
(3) 책이 재미있어요 (4) 집이 좋아요

4 (1) 강의실에 있어요
(2) 도서관에 있어요
(3) 공원에 있어요
(4) 백화점에 있어요

5 (1) 옆 (2) 밑(아래) (3) 앞 (4) 위

6 (1) 이것은 우산이에요
(2) 여기는 학교예요
(3) 저것은 한국어 책이에요
(4) 내일은 월요일이에요

7

	-습니다/ㅂ니다	-아요/어요
아름답다	아름답습니다	아름다워요
춥다	춥습니다	추워요
덥다	덥습니다	더워요
가깝다	가깝습니다	가까워요
맵다	맵습니다	매워요
쉽다	쉽습니다	쉬워요
어렵다	어렵습니다	어려워요

연습 II

1

	-았습니다/었습니다	-았어요/었어요
가다	갔습니다	갔어요
먹다	먹었습니다	먹었어요
보다	봤습니다	봤어요
하다	했습니다	했어요
재미있다	재미있었습니다	재미있었어요
좋다	좋았습니다	좋았어요
싸다	쌌습니다	쌌어요
춥다	추웠습니다	추웠어요

2 (1) 친구를 만났어요
(2) 책을 읽었어요
(3) 영화를 봤어요
(4) 프랑스어를 배웠어요

3 (1) 그 책은 재미있지만 어려워요
(2) 여기는 따뜻하지만 저기는 추워요
(3) 오늘은 집에서 쉬지만 내일은 학교에서 공부해요
(4) 저는 오늘 학교에 가지만 미하우 씨는 안 가요

연습 III

1 (1) ③ (2) 위

2 (1) c (2) b (3) d (4) a

5과

연습 I

1 (1) 오십시오, 오세요
 (2) 주십시오, 주세요
 (3) 하십시오, 하세요
 (4) 읽으십시오, 읽으세요
 (5) 앉으십시오, 앉으세요
 (6) 받으십시오, 받으세요

2 (1) 두 (2) 세 (3) 다섯
 (4) 여섯 (5) 여덟 (6) 아홉

3 (1) 두 병 샀어요 (2) 한 잔 마셨어요
 (3) 네 개 먹었어요 (4) 세 명 만났어요

4 (1) 식당으로 (2) 서점으로
 (3) 기숙사로 (4) 강의실로

5 (1) 빵하고 주스 (2) 오렌지하고 사과
 (3) 주렉하고 비고스 (4) 불고기하고 냉면

6 (1) 볼까요, 봅시다 (2) 살까요, 삽시다
 (3) 할까요, 합시다 (4) 먹을까요, 먹읍시다
 (5) 읽을까요, 읽읍시다 (6) 앉을까요, 앉읍시다

7 (1) 사과를 살까요 (2) 편지를 쓸까요
 (3) 비고스를 먹을까요 (4) 백화점에 갈까요

8 (1) 청소를 합시다 (2) 춤을 춥시다
 (3) 커피를 마십시다 (4) 백화점에 갑시다

연습 II

1	-습니다/ㅂ니다	-아요/어요	-(으)ㅂ시다	-고	-(으)세요
가다	갑니다	가요	갑시다	가고	가세요
읽다	읽습니다	읽어요	읽읍시다	읽고	읽으세요
살다	삽니다	살아요	삽시다	살고	사세요
팔다	팝니다	팔아요	팝시다	팔고	파세요
열다	엽니다	열어요	엽시다	열고	여세요
만들다	만듭니다	만들어요	만듭시다	만들고	만드세요

2 (1) 이 (2) 삼 (3) 칠 (4) 구 (5) 오백 (6) 만

3 (1) 천이백 (2) 18,000 (3) 45
 (4) 십이만 칠천 (5) 이천육십 (6) 700

4 (1) 사십오 즈워티예요 (2) 백 즈워티예요
 (3) 십오 즈워티예요 (4) 삼십삼 즈워티예요

5 (1) 포도는 삼 킬로그램에 얼마예요, 만 원이에요
 (2) 커피는 한 잔에 얼마예요, 구 즈워티예요
 (3) 콜라는 한 병에 얼마예요, 천이백 원이에요
 (4) 빵은 다섯 개에 얼마예요, 오 즈워티예요

6 (1) 하지 맙시다 (2) 마시지 맙시다
 (3) 앉지 맙시다 (4) 만나지 맙시다

7 (1) 노래를 부르지 마세요
 (2) 술을 마시지 마세요
 (3) 이야기를 하지 마세요
 (4) 음악을 듣지 마세요

연습 III

1 (1) 2 (2) 5 (3) 3
2 (1) c (2) a (3) b
3 (1) 모자 (2) ②

6과

연습 I

1 (1) 삼월 이십칠일이에요
 (2) 팔월 십오일이에요
 (3) 유월 이십육일이에요
 (4) 시월 십일일이에요

2 (1) 잘 것입니다, 잘 거예요
 (2) 먹을 것입니다, 먹을 거예요
 (3) 읽을 것입니다, 읽을 거예요
 (4) 쉴 것입니다, 쉴 거예요
 (5) 만들 것입니다, 만들 거예요
 (6) 살 것입니다, 살 거예요

3 (1) 보고 싶어요 (2) 자고 싶어요
 (3) 쓰고 싶어요 (4) 읽고 싶어요
 (5) 앉고 싶어요 (6) 만들고 싶어요

4 (1) 친구를 만나면 영화를 봐요
 (2) 시간이 없으면 밥을 안 먹어요
 (3) 날씨가 더우면 수영을 해요
 (4) 바람이 불면 창문을 닫아요

5 (1) 주말에 뭐 할 거예요, 한국어를 공부할 거예요
 (2) 방학에 뭐 할 거예요, 여행을 할 거예요
 (3) 다음 주에 뭐 할 거예요, 고향에 갈 거예요
 (4) 내일 뭐 할 거예요, 영화를 볼 거예요

연습 II

1 (1) 미하우 씨는 학생이지요, 학생이에요
 (2) 이것은 프린터지요, 프린터예요
 (3) 저기는 도서관이지요, 도서관이 아니에요
 (4) 시험이 다음 주지요, 다음 주가 아니에요

2 (1) 극장에 가서 영화를 봐요
　　(2) 친구를 만나서 밥을 먹어요
　　(3) 우체국에 가서 편지를 부쳤어요
　　(4) 공원에 가서 운동을 했어요

연습 Ⅲ

1 (1) ②, ③　(2) ① X　② O
2 (③) – (①) – (⑤) – (②) – (④)

7과

연습 I

1	-습니다/ㅂ니다	-아요/어요	-았어요/었어요	-지만
쓰다	씁니다	써요	썼어요	쓰지만
바쁘다	바쁩니다	바빠요	바빴어요	바쁘지만
예쁘다	예쁩니다	예뻐요	예뻤어요	예쁘지만
크다	큽니다	커요	컸어요	크지만
아프다	아픕니다	아파요	아팠어요	아프지만

2 (1) 자야 돼요, 자야 해요
　　(2) 먹어야 돼요, 먹어야 해요
　　(3) 읽어야 돼요, 읽어야 해요
　　(4) 쉬어야 돼요, 쉬어야 해요
　　(5) 써야 돼요, 써야 해요
　　(6) 만들어야 돼요, 만들어야 해요
3 (1) 무슨 책을 읽어야 됩니까, 저 책을 읽어야 됩니다
　　(2) 무엇을 해야 됩니까, 보고서를 써야 됩니다
　　(3) 무엇을 만들어야 됩니까, 폴란드 음식을 만들어야 됩니다
　　(4) 어디에 가야 됩니까, 도서관에 가야 됩니다
4 (1) 다섯, 삼십　(2) 일곱, 사십
　　(3) 열두, 오　(4) 두, 이십오
5 (1) 학교에 가요, 여덟 시 삼십 분에 학교에 가요
　　(2) 수업이 끝나요, 열한 시 오십 분에 수업이 끝나요
　　(3) 친구를 만나요, 세 시 십오 분에 친구를 만나요
　　(4) 밥을 먹어요, 여섯 시에 밥을 먹어요

연습 Ⅱ

1 (1) 한국어를 배우지요, 배워요
　　(2) 음악을 좋아하지요, 안 좋아해요
　　(3) 학교가 멀지요, 멀어요
　　(4) 머리가 아프지요, 안 아파요
2 (1) 점심을 먹었지요, 먹었어요
　　(2) 이 책을 읽었지요, 안 읽었어요
　　(3) 날씨가 좋았지요, 좋았어요
　　(4) 시험이 어려웠지요, 안 어려웠어요
3 (1) 시장에서 집까지 얼마나 걸려요,
　　　한 시간 걸려요
　　(2) 극장에서 식당까지 얼마나 걸려요,
　　　십 분 걸려요
　　(3) 집에서 백화점까지 얼마나 걸려요,
　　　사십 분 걸려요
　　(4) 폴란드에서 한국까지 얼마나 걸려요,
　　　열세 시간 걸려요

연습 Ⅲ

1 (1) 2, 20 (2) 7, 30 (3) 12, 25 (4) 5, 50
2 (1) ③ (2) ① X ② X

8과

연습 I

1	-(으)십니다	-(으)세요
가다	가십니다	가세요
보다	보십니다	보세요
만나다	만나십니다	만나세요
읽다	읽으십니다	읽으세요
입다	입으십니다	입으세요
만들다	만드십니다	만드세요
바쁘다	바쁘십니다	바쁘세요
많다	많으십니다	많으세요
작다	작으십니다	작으세요

2 (1) 선생님이세요
　　(2) 우리 어머니세요
　　(3) 아버지세요
　　(4) 할아버지세요

3 (1) 선생님은 지금 뭐 하세요, 친구를 만나세요
   (2) 어머니는 지금 뭐 하세요, 그림을 그리세요
   (3) 할아버지는 지금 뭐 하세요,
        신문을 읽으세요
   (4) 할머니는 지금 뭐 하세요, 빵을 만드세요
4 (1) 무엇을 살까요, 사과를 사요
   (2) 무엇을 마실까요, 커피를 마셔요
   (3) 어디에 갈까요, 공원에 가요
   (4) 언제 만날까요, 내일 만나요

연습 II

1 (1) 머리가 아파서 병원에 가요
   (2) 시간이 없어서 밥을 안 먹어요
   (3) 어제 열두 시에 자서 늦게 일어났어요
   (4) 아침에 운동을 해서 기분이 좋아요
2 (1) 그림을 못 그려요 (2) 술을 못 마셔요
   (3) 수영을 못 해요 (4) 담배를 못 피워요
3 (1) 일주일에 두 번 (2) 한 달에 한 번
   (3) 하루에 세 번 (4) 일 년에 네 번

연습 III

1 (1) ④ (2) ② (3) ① (4) ③
2 (1) ① (2) ②

9과

연습 I

1 (1) 살 수 있어요 (2) 말할 수 있어요
   (3) 쓸 수 있어요 (4) 읽을 수 있어요
   (5) 입을 수 있어요 (6) 만들 수 있어요
2 (1) 프랑스어를 읽을 수 있어요, 읽을 수 있어요
   (2) 수영을 할 수 있어요, 할 수 있어요
   (3) 피아노를 칠 수 있어요, 칠 수 없어요
   (4) 한국 음식을 만들 수 있어요, 만들 수 없어요

3

	-습니다/ㅂ니다	-아요/어요	-(으)ㄹ 거예요	-(으)면	-고
듣다	듣습니다	들어요	들을 거예요	들으면	듣고
걷다	걷습니다	걸어요	걸을 거예요	걸으면	걷고
묻다	묻습니다	물어요	물을 거예요	물으면	묻고

4 (1) 걸어 (2) 물어 (3) 듣습 (4) 걸으
5 (1) 운전을 하면서 음악을 들어요
   (2) 전화를 하면서 걸어요
   (3) 커피를 마시면서 이야기해요
   (4) 음악을 들으면서 공부를 해요

연습 II

1 (1) 미하우 씨가 좋아하는
   (2) 지금 듣는
   (3) 내가 싫어하는
   (4) 사람들이 부르는
2 (1) 나영 씨가 다니는 회사는 시내에 있어요
   (2) 에밀리아 씨가 지금 읽는 책은 소설책이에요
   (3) 진수 씨가 타는 버스는 공항으로 가요
   (4) 표트르 씨가 만나는 친구는 미국 사람이에요
   (5) 요즘 배우는 운동은 테니스예요
   (6) 할머니가 만드는 음식은 아주 맛있어요
3 (1) 구두를 사지 못했어요
   (2) 친구를 만나지 못했어요
   (3) 운동을 하지 못했어요
   (4) 잠을 자지 못했어요

연습 III

1 (1) a (2) c (3) b
2 (1) ①, ④ (2) ①

10과

연습 I

1 (1) 미하우 씨가 학교에 갈까요, 갈 거예요
   (2) 에밀리아 씨가 영화를 볼까요, 볼 거예요
   (3) 날씨가 추울까요, 안 추울 거예요
   (4) 옷이 작을까요, 안 작을 거예요
2 (1) 좋은 (2) 예쁜 (3) 높은 (4) 매운
   (5) 더운 (6) 맛있는 (7) 짧은 (8) 재미없는
3 (1) 슬픈 영화를 좋아해요
   (2) 짧은 치마를 입고 싶어요
   (3) 따뜻한 날씨를 좋아해요
   (4) 큰 가방을 사고 싶어요

4 (1) 불고기를 먹어 보세요
  (2) 이 노래를 들어 보세요
  (3) 운동을 해 보세요
  (4) 태권도를 배워 보세요

5 (1) 그 영화가 어땠어요, 무서웠어요
  (2) 크라쿠프가 어땠어요, 아름다웠어요
  (3) 여행이 어땠어요, 좋았어요
  (4) 그 책이 어땠어요, 재미있었어요

연습 II

1 (1) 화요일부터 금요일까지
  (2) 네 시부터 여섯 시까지
  (3) 내일부터 다음 주말까지
  (4) 유월부터 팔월까지

2 (1) 였습니다 (2) 였습니다
  (3) 이었습니다 (4) 이었습니다

3	-습니다/ㅂ니다	-아요/어요	-(으)ㄹ 거예요	-고
부르다	부릅니다	불러요	부를 거예요	부르고
모르다	모릅니다	몰라요	모를 거예요	모르고
다르다	다릅니다	달라요	다를 거예요	다르고
빠르다	빠릅니다	빨라요	빠를 거예요	빠르고

연습 III

1 (1) ③ (2) ③

2 (1) ③ (2) ② (3) ①

11과

연습 I

1 (1) 삼 년 동안 배웠어요
  (2) 다섯 달 동안 살았어요
  (3) 이 주일 동안 여행했어요
  (4) 삼십 분 동안 기다렸어요

2 (1) 먹는데 (2) 듣는데
  (3) 읽는데 (4) 만드는데
  (5) 큰데 (6) 작은데
  (7) 먼데 (8) 맛있는데

3 (1) 저는 커피를 좋아하는데 나영 씨는
    녹차를 좋아해요
  (2) 저는 학교에 가는데 동생은 안 가요
  (3) 내일 시험을 보는데 공부를 안 했어요
  (4) 유스트나 씨는 자는데 에밀리아 씨는
    공부해요

4 (1) 이 방은 더운데 저 방은 추워요
  (2) 시장은 먼데 백화점은 가까워요
  (3) 이 모자는 예쁜데 비싸요
  (4) 김치는 맛있는데 조금 매워요

5 (1) 음식이 맛있었는데 비쌌어요
  (2) 저는 비빔밥을 먹었는데 미하우 씨는
    냉면을 먹었어요
  (3) 에밀리아 씨는 숙제를 했는데 유스트나 씨는
    안 했어요
  (4) 어제는 추웠는데 오늘은 따뜻해요

6 (1) 수업 후에 복습을 하세요
  (2) 시험 전에 공부를 하세요
  (3) 일주일 후에 이메일을 보내세요
  (4) 10분 전에 극장에 들어가세요

연습 II

1 (1) 텔레비전 보고 있어요
  (2) 편지 쓰고 있어요
  (3) 인터넷 하고 있어요
  (4) 커피 마시고 있어요
  (5) 책 읽고 있어요
  (6) 음악 듣고 있어요

2 (1) 왜 (2) 어떻게 (3) 언제 (4) 왜

3 (1) 콜라를 마시겠습니다
  (2) 카드를 보내겠습니다
  (3) 외국어를 배우겠습니다
  (4) 폴란드 음식을 만들겠습니다

4 (1) 떠들지 않겠습니다
  (2) 사진 찍지 않겠습니다
  (3) 담배 피우지 않겠습니다
  (4) 술 마시지 않겠습니다

연습 III

1 (1) ③ (2) ① (3) ②

2 (1) ③ (2) ① X ② O

3 (1) ③, b (2) ①, a (3) ②, c

12과

연습 I

1 (1) 내일 먹을 (2) 친구한테 줄
   (3) 겨울에 입을 (4) 주말에 할

2 (1) 내일 갈 극장은 백화점 옆에 있어요
   (2) 다음 시간에 배울 문법은 아주 어려울 거예요
   (3) 미하우 씨하고 내가 만들 음식은 비빔밥이에요
   (4) 내일 볼 영화는 전쟁 영화예요
   (5) 주말에 할 일은 청소와 빨래예요
   (6) 오늘 저녁에 만날 친구는 백화점에서 일해요

3 (1) 커피를 사 주세요
   (2) 문을 열어 주세요
   (3) 창문을 닫아 주세요
   (4) 노래를 불러 주세요
   (5) 한국어를 가르쳐 주세요
   (6) 이름을 말해 주세요

4 (1) 축구가 야구보다 더 재미있어요
   (2) 비행기가 기차보다 더 빨라요
   (3) 시장이 백화점보다 더 싸요
   (4) 호랑이가 고양이보다 더 커요

연습 II

1 (1) 날씨가 춥군요 (2) 집이 좋군요
   (3) 교통이 편리하군요 (4) 사람이 많군요

2 (1) 김치를 좋아하는군요
   (2) 음악을 듣는군요
   (3) 책을 읽는군요
   (4) 영화를 보는군요

3 (1) 잘게요 (2) 먹을게요
   (3) 배울게요 (4) 입을게요
   (5) 만들게요 (6) 들을게요
   (7) 찍을게요 (8) 걸을게요

4 (1) 읽을게요 (2) 갈게요
   (3) 끊을게요 (4) 열게요

5 (1) 사러 (2) 빌리러 (3) 먹으러
   (4) 놀러 (5) 만들러 (6) 들으러

6 (1) 신발을 사러 갈까요
   (2) 사진을 찍으러 갈까요
   (3) 책을 빌리러 갈까요
   (4) 진수 씨를 만나러 갈까요

연습 III

1 (1) ③ (2) ① (3) ②, ④ (4) ③
2 (1) ① X ② X (2) ④

13과

연습 I

1 (1) 아직 안 자요
   (2) 아직 안 했어요
   (3) 아직 안 일어났어요
   (4) 아직 안 왔어요

2 (1) 안 가요 (2) 볼 거예요
   (3) 먹었어요 (4) 안 추워요
   (5) 끝났어요 (6) 안 바빠요

3 (1) 보니까 (2) 읽으니까
   (3) 만드니까 (4) 들으니까
   (5) 많으니까 (6) 더우니까

4 (1) 오늘은 바쁘니까 내일 오세요
   (2) 비가 오니까 우산을 쓰세요
   (3) 이 옷은 너무 비싸니까 사지 마세요
   (4) 이 책이 재미있으니까 읽어 보세요
   (5) 미하우 씨 생일이니까 꽃을 삽시다
   (6) 날씨가 더우니까 아이스크림을 먹을까요

연습 II

1 (1) 께 (2) 에게 (3) 께 (4) 에게
2 (1) 께서 (2) 가 (3) 이 (4) 께서
3 (1) 진수 씨는 동생에게 사탕을 줬어요
   (2) 나영 씨는 선생님께 책을 드렸어요
   (3) 나는 친구에게 가방을 줬어요
   (4) 제 동생은 어머니께 카드를 드렸어요
4 (1) 할아버지께서는 지금 뭐 하세요,
       운동을 하세요
   (2) 아버지께서는 지금 뭐 하세요,
       텔레비전을 보세요
   (3) 선생님께서는 지금 뭐 하세요,
       음악을 들으세요
   (4) 할머니께서는 지금 뭐 하세요,
       음식을 만드세요

연습 III

1 (1) ② (2) ③ (3) ①
2 (1) ①, ④ (2) ②

14과

연습 I

1 (1) 친구에게 준 (2) 치즈를 넣은
  (3) 시험을 본 (4) 언니가 만든

2 (1) 어제 본 한국 영화는 '아저씨'예요
  (2) 아침에 마신 차는 홍차예요
  (3) 어머니께 드린 선물은 목걸이였어요
  (4) 친구하고 같이 들은 노래는 한국 노래예요
  (5) 백화점에서 산 옷은 아주 예뻐요
  (6) 미하우 씨가 만든 불고기는 맛있었어요

3 (1) 테니스 잘 쳐요, 잘 쳐요
  (2) 수영 잘해요, 잘 못해요
  (3) 스키 잘 타요, 잘 타요
  (4) 그림 잘 그려요, 잘 못 그려요
  (5) 사진 잘 찍어요, 잘 찍어요
  (6) 노래 잘 불러요, 잘 못 불러요

4 (1) 기타를 잘 치게 되었어요
  (2) 김치를 좋아하게 되었어요
  (3) 그 사람을 싫어하게 되었어요
  (4) 수영을 배우게 되었어요
  (5) 비밀을 알게 되었어요
  (6) 폴란드어를 가르치게 되었어요

연습 II

1 (1) 옷이 작아졌어요
  (2) 길이 복잡해졌어요
  (3) 얼굴이 예뻐졌어요
  (4) 일이 힘들어졌어요
  (5) 집값이 비싸졌어요
  (6) 눈이 나빠졌어요

2 (1) 선물을 받으면 좋겠어요
  (2) 시간이 많으면 좋겠어요
  (3) 피아노를 배우면 좋겠어요
  (4) 백화점에 가서 옷을 사면 좋겠어요

3 (1) 미하우 씨는 할머니께 책을 읽어 드렸어요
  (2) 제 친구는 할아버지께 음식을 만들어 드렸어요
  (3) 나는 선생님께 그림을 그려 드렸어요
  (4) 진수 씨는 어머니께 사진을 보내 드렸어요

연습 III

1 (1) b (2) c (3) a

2 (1) ① (2) ③

15과

연습 I

1 (1) 저는 에밀리아라고 합니다
  (2) 이 음식은 주렉이라고 합니다
  (3) 저 꽃은 백합이라고 합니다
  (4) 저 공원은 와지엔키 공원이라고 합니다

2 (1) 운전을 할 줄 알아요, 할 줄 알아요
  (2) 자전거를 탈 줄 알아요, 탈 줄 몰라요
  (3) 한국 음식을 만들 줄 알아요, 만들 줄 알아요
  (4) 기타를 칠 줄 알아요, 칠 줄 몰라요
  (5) 한자를 쓸 줄 알아요, 쓸 줄 알아요
  (6) 라면을 끓일 줄 알아요, 끓일 줄 몰라요

3 (1) 책인 것 같아요 (2) 우산인 것 같아요
  (3) 사과인 것 같아요 (4) 컴퓨터인 것 같아요

연습 II

1 (1) 자는 것 같아요
  (2) 커피를 마시는 것 같아요
  (3) 책을 읽는 것 같아요
  (4) 컴퓨터를 하는 것 같아요

2 (1) 옷이 비싼 것 같아요
  (2) 사람이 많은 것 같아요
  (3) 표트르 씨가 바쁜 것 같아요
  (4) 이 책이 쉬운 것 같아요
  (5) 음식이 짠 것 같아요
  (6) 저 영화가 재미있는 것 같아요

3 (1) 이 약이 두통에 좋아요
  (2) 비타민 C가 피부에 좋아요
  (3) 이 영화가 아이들에게(한테) 좋아요
  (4) 이 사전이 초등학생에게(한테) 좋아요

연습 III

1 ①, ②, ⑥

2 (1) ③ (2) 2(두)

단어 목록
Lista słówek

※본: 본문, 문: 문법, 연: 연습

ㄱ

가깝다 być bliskim [4연I]

가다 iść [2본I]

가르치다 nauczać [12문I]

가방 torba [1연Ⅱ]

가볍다 być lekkim [12연Ⅲ]

가을 jesień [3본Ⅱ]

가족 rodzina [4문I]

가족사진 zdjęcie rodzinne [8본I]

가지 rodzaj [10본Ⅱ]

간호사 pielęgniarka [1연I]

갈비 żeberka [5본Ⅱ]

감기 przeziębienie [8문Ⅱ]

감기에 걸리다 przeziębić się [8문Ⅱ]

감자 ziemniaki [5본Ⅱ]

감자전 placki ziemniaczane [5본Ⅱ]

감자튀김 frytki [5본Ⅱ]

갑자기 nagle [14본Ⅱ]

강의실 sala wykładowa [1문I]

같이 razem [2본I]

개 sztuka (jednostka) [5문I]

거기 tam [1문Ⅱ]

걱정 zmartwienie [12본Ⅱ]

걱정하다 martwić się [12본Ⅱ]

건강 zdrowie [14본Ⅱ]

건강하다 być zdrowym [14연Ⅲ]

건물 budynek [10본Ⅱ]

걷다 iść pieszo [9문I]

전화를 걸다 telefonować, dzwonić [11문I]

걸리다 trwać (ILE CZASU) [7본Ⅱ]

걸어서 pieszo [7연Ⅲ]

겨울 zima [7문Ⅱ]

결석하다 opuszczać (np. zajęcia),
　　　być nieobecnym [11문Ⅱ]

경찰관 policjant [10문Ⅱ]

경치 widok [14본Ⅱ]

계란 jajko [5본Ⅱ]

계절 pora roku [9문Ⅱ]

계획표 plan, rozkład [6문Ⅱ]

고기 mięso [3문Ⅱ]

고등학교 liceum, szkoła średnia [15연Ⅲ]

고맙다 dziękować [8본I]

고양이 kot [12연I]

고프다 być głodnym [13본I]

고향 strony rodzinne [6연I]

곡 utwór muzyczny [9본Ⅱ]

곳 miejsce [9문Ⅱ]

공 zero [5문Ⅱ]

공기 powietrze [14본Ⅱ]

공무원 pracownik służby cywilnej, urzędnik
　　　[10문Ⅱ]

공부 nauka [2문I]

공부하다 studiować, uczyć się [2본I]

공연 przedstawienie [14본Ⅱ]

공원 park [2본I]

공항 lotnisko [9연Ⅱ]

과일 owoce [5본Ⅱ]

관심 zainteresowanie [13본Ⅱ]

광장 plac [10본Ⅱ]

교실 klasa, sala [4문I]

교재 podręcznik [9문I]

교통 transport [12연Ⅱ]

구 dziewięć [5문Ⅱ]

구경 oglądanie, zwiedzanie [11문I]

구경하다 oglądać, zwiedzać [3문Ⅱ]

구두 buty [4문I]

구십 dziewięćdziesiąt [5문Ⅱ]

국립중앙박물관 Muzeum Narodowe [10연Ⅲ]

권 wolumin (jednostka) [5문I]

귀엽다 być milutkim, ślicznym [10연Ⅲ]

귤 mandarynka [6문Ⅱ]

그 ten [2본I]

그것 tamto [1본II]

그냥 po prostu [15본II]

그동안 w tym czasie [14본II]

그래서 dlatego, więc [8본II]

그래요 naprawdę, rzeczywiście [6본II]

그런데 ale [10본I]

그럼 wobec tego, zatem [1본II]

그럼요 oczywiście [12본I]

그렇게 tak (aż tak, w takim stopniu) [11본II]

그렇다 być takim [14본I]

그렇지만 ale, chociaż [4본II]

그리고 i, oraz [2본II]

그리다 rysować, malować [8연I]

그림 rysunek [8연I]

그분 tamta osoba [8문I]

극장 kino, teatr [1연II]

글자 litery [7문II]

금요일 piątek [3문I]

기념품 pamiątka, upominek [10본II]

기다리다 czekać [2문II]

기도 modlitwa [11문I]

기말시험 egzamin końcowy [12본I]

기분 nastrój, samopoczucie [4문II]

기쁘다 być zadowolonym [7문I]

기숙사 akademik [4본II]

기자 reporter [1연I]

기차 pociąg [7연III]

기차역 stacja kolejowa [7문II]

기타 gitara [9본I]

길 droga [14문II]

길다 być długim [4문I]

김밥 *kimbap* [10문I]

김치 *kimchi* [4연I]

김치찌개 zupa *kimchi* [5본II]

까지 do [7본II]

깨끗하다 być czystym [4문I]

꼭 na pewno [11문II]

꽃 kwiat [3문I]

(담배를) 끊다 rzucać (palenie) [12연II]

끓이다 gotować, wrzeć [15연I]

끝나다 kończyć się [6본I]

ㄴ

나 ja [2본II]

나다 pojawić się [14본II]

나라 kraj [9본II]

나무 drzewo [3본II]

나쁘다 być złym [7문I]

나오다 pojawiać się, wychodzić [12본I]

날씨 pogoda [3본I]

남대문시장 bazar *Namdaemun* [10연III]

남자 mężczyzna [15문II]

낮다 być niskim [12연III]

내 mój, moja, moje, moi [2본II]

내년 przyszły rok [6문I]

내다 oddać, złożyć [11문I]

내리다 wysiadać [7본II]

내일 jutro [2문II]

냄새 zapach, odór [14문I]

냉면 *naengmyeon* [5연I]

너무 za, zbyt (bardzo) [5본II]

넓다 być szerokim [10본II]

넣다 dodawać, wkładać [14본I]

네 cztery [5문I]

네 tak [1본I]

넷 cztery [5문I]

년 rok [6문I]

노래 piosenka [2연I]

노래를 부르다 śpiewać [2연I]

노래하다 śpiewać [9문I]

녹차 zielona herbata [2본II]

놀다 bawić się [11연I]

높다 być wysokim [10문I]

누가 kto [3문I]

누구 kto [2본II]

누나 starsza siostra [8본I]

눈 oko [14연II]

눈 śnieg [7문II]

늦게 późno [8연II]

늦다 spóźniać się [11본II]

늦잠을 자다 zaspać [11본II]

ⓒ

다 wszystko [7본II]

다니다 uczęszczać (DO SZKOŁY), pracować
　　(W) [8본I]

다르다 być różnym [10본II]

다른 inny [13본I]

다리 most [4문I]

다리 noga [9문I]

다섯 pięć [5문I]

다시 ponownie [15연III]

다음 następny, kolejny [6문I]

닦다 czyścić, szczotkować [8연II]

닫다 zamykać [6연I]

달 miesiąc [8문II]

달다 być słodkim [10연III]

담배 papierosy [8연II]

대답하다 odpowiadać [6문II]

대학 uniwersytet [11문II]

대학교 uniwersytet [2본II]

대학생 student studiów licencjackich [8연III]

대학원생 student studiów II lub III stopnia [8본II]

더 bardziej [6문II]

더럽다 być brudnym [11본I]

덥다 być gorącym [4문I]

데이트 randka [3본II]

도 też [1본I]

도둑 złodziej [12문II]

도서관 biblioteka [1문II]

도시 miasto [10본II]

도와주다 pomagać [12문II]

도착하다 przybyć, dojechać, docierać do [11연III]

독일 Niemcy [1연I]

독일어 język niemiecki [9연III]

돈 pieniądze [7문I]

돈가스 kotlet schabowy [5본II]

돌아가다 wracać [8문II]

돌아오다 wracać [11본I]

돕다 pomagać [12문I]

동생 młodsze rodzeństwo [8문I]

동안 podczas, przez [11본I]

돼지고기 wieprzowina [5본II]

되다 zostać, stać się, stawać się [14문II]

두 dwa [5본I]

두통 ból głowy [15연II]

둘 dwa [5문I]

뒤 z tyłu [4본I]

드라마 serial [11문II]

드리다 dawać, dać (hon.) [13문II]

듣기 słuchanie [12본I]

듣다 słuchać [2연I]

들다 jeść (hon.) [15본II]

들어가다 wejść [3문I]

들어오다 wchodzić [8본I]

등산 chodzenie po górach, wspinaczka górska
　　[15연III]

디브이디 DVD [2본II]

따뜻하다 być ciepłym [3본I]

딱딱하다 być twardym [10연III]

떠들다 hałasować, rozrabiać [11연II]

또 znowu, ponownie [8문I]

똑똑하다 być inteligentnym [10연III]

ⓡ

라디오 radio [9문I]

라면 *ramyeon* [15연I]

러시아어 język rosyjski [9연III]

ⓜ

마당 podwórko, ogród [11문I]

마시다 pić [2연I]

마음 serce, umysł, dusza [11본I]

마흔 czterdzieści [5문I]

만 dziesięć tysięcy [5문II]

만나다 spotykać (się) [2본I]

만나서 반갑습니다 miło mi poznać [1본I]

만두 *mandu* (kor. pierogi) [14본I]

만들다 robić, przygotować [2문I]

많다 być licznym (jest dużo, wiele) [8연I]

많이 dużo, wiele (bardzo) [4본I]

말 język (mowa) [13본I]

말씀하다 mówić (hon.) [12본I]

말하기 mówienie [12본I]

말하다 mówić [9연I]

맑다 być czystym [14본II]

맛 smak [10문I]

맛없다 być niesmacznym [10문I]

맛있다 być smacznym [3본II]

맞다 zgadzać się, pasować [5본I]

매우 bardzo [9본II]

매일 codziennie [3문II]

매점 sklep [1본II]

맥주 piwo [5연III]

맵다 być ostrym, pikantnym [4문I]

머리 głowa, włosy [4문I]

먹다 jeść [2문I]

멀다 być dalekim [4문II]

멋있다 być przystojnym [10연III]

메뉴 menu, jadłospis [5본I]

며칠 kilka dni, który dzień (pytanie o datę) [6연I]

명 osoba (jednostka) [5문I]

몇 ile [5본I]

모과차 herbata z pigwy [15본II]

모두 wszyscy [3본I]

모르다 nie wiedzieć [9문I]

모임 zebranie, zgrupowanie [9문I]

모자 kapelusz, czapka [5연II]

목 gardło, szyja [8문II]

목감기 ból gardła [15본II]

목걸이 naszyjnik [10본II]

목요일 czwartek [3문I]

몸 ciało [9본II]

못하다 nie móc [8연III]

무겁다 być ciężkim [10문I]

무대 scena [9본II]

무섭다 być przerażającym, budzącym strach [10연I]

무슨 jaki [3본I]

무엇 co [1본II]

문 drzwi [5문II]

문법 gramatyka [2본II]

문제 problem, kwestia, zagadnienie [12본I]

문화 kultura [6본I]

묻다 pytać [9문I]

물 woda [3연I]

물건 rzecz, artykuł [10연III]

물론 oczywiście [12본I]

물론이지요 ależ naturalnie (oczywiście) [5본I]

물티키노 극장 Multikino [5연III]

뭐 co [4본I]

뭘요 nie ma za co [12본II]

미국 Stany Zjednoczone Ameryki [1연I]

미안하다 przepraszać [7본I]

밀가루 mąka pszenna [14본I]

밀다 popychać [6문II]

밑 pod [4문I]

Ⓗ

바깥 na zewnątrz [14문II]

바꾸다 zmieniać, wymieniać [7문I]

바람 wiatr [6문I]

바르샤바 Warszawa [2본II]

바벨성 zamek Wawel [10본II]

바쁘다 być zajętym [7본I]

바이올린 skrzypce [9연III]

박물관 muzeum [10연III]

밖 poza, na zewnątrz [4문I]

반 połowa [7문I]

반갑다 być miłym [10문I]

반죽 ciasto [14본I]

받다 otrzymać [4문I]

발음 wymowa [15본I]

밝다 być jasnym [14문II]

밤 noc [7본I]

밥 posiłek, ryż [2문II]

방 pokój [2문II]

방학 wakacje [3문II]

배 brzuch [6문I]

배 nashi (gruszka) [5문I]

배 statek [4문I]

배고프다 być głodnym [10문I]

배구 piłka ręczna [9연III]

배드민턴 badminton [9연III]

배우다 uczyć się [2연I]

백 sto [5문I]

백만 milion [5문II]

백합 lilia [15연I]

백화점 dom towarowy, centrum handlowe [2연II]

버스 autobus [7본II]

번 raz [8본II]

벌써 już [13본I]

범위 zakres [12본I]

병 butelka (jednostka) [5문I]

병원 szpital [1연II]

보고서 praca koncowa, raport [7연I]

보내다 wysłać, wysyłać [8문II]

보다 niż [12본I]

보다 oglądać, patrzeć [2연I]

보통 zwykły, zazwyczaj [5본II]

복습 powtórzenie, utrwalenie [11연I]

복잡하다 być skomplikowanym, trudnym [14연II]

봄 wiosna [3연I]

부드럽다 być miękkim, delikatnym [10연III]

부르다 wołać [2연I]

부모님 rodzice [8문I]

부엌 kuchnia [4본II]

부치다 wysyłać, nadawać (np. list) [6연II]

부터 od [10본II]

분 osoba (jednostka) (hon.) [5본I]

분 minuta [7본I]

분수 fontanna [4본I]

불 światło [14문II]

불고기 *bulgogi* [2문I]

불다 wiać, dmuchać [6문I]

불편하다 być niewygodnym [4본II]

비 deszcz [3본II]

비고스 bigos [4문I]

비밀 sekret, tajemnica [14연I]

비빔밥 *bibimbap* [4문II]

비슷하다 być podobnym [14본I]

비싸다 być drogim [2연I]

비자 wiza [7문I]

비타민 witamina [15본II]

비행기 samolot [7문II]

빌리다 pożyczać [2문II]

빠르다 być szybkim [10문II]

빨래 pranie [4본II]

빨리 szybko [8문II]

빵 chleb [1문II]

ㅅ

사 cztery [5문II]

사과 jabłko [2연II]

사귀다 zaprzyjaźnić (się) [6본I]

사다 kupować [2연I]

사람 człowiek [1본I]

사랑하다 kochać [9본II]

사무실 biuro [1문II]

사십 czterdzieści [5문II]

사전 słownik [9문I]

사진 zdjęcie [5문I]

사진을 찍다 robić (zdjęcie) [5문I]

사탕 słodycze [13연II]

산 góra [10문I]

산책 spacer [3본I]
산책하다 spacerować [4문II]
살다 żyć, mieszkać [4문I]
삼 trzy [5문II]
삼십 trzydzieści [5문II]
상 nagroda [4문II]
상하다 zepsuć się [14문I]
새 nowy [10본II]
새 ptak [3본II]
새로 na nowo [6문I]
새벽 świt [11본II]
새 소리 śpiew ptaków [3본II]
샌드위치 kanapka [5본II]
생각 myśl, opinia, pomysł [14본I]
생각하다 myśleć [6문II]
생강차 herbata imbirowa [15본II]
생선 ryba [5본II]
생일 dzień urodzin, urodziny [6연III]
생활 życie [14본II]
샤워 prysznic [8연II]
서른 trzydzieści [5문I]
서양배 gruszka [5본II]
서울 Seul [4본II]
서울대학교 Uniwersytet Seulski [2문I]
서점 księgarnia [2본II]
선물 prezent [4문I]
선생님 nauczyciel, nauczycielka [1문I]
선풍기 wentylator [4연I]
설 Nowy Rok [12문II]
설탕 cukier [11문I]
성 zamek [10본I]
성당 kościół (rzymskokatolicki) [10본I]
성모마리아 Święta Maria [10본I]
성적 wyniki w nauce (ocena) [12본I]
세 trzy [5본I]
세계 świat [9본II]
셋 trzy [5본I]
소개하다 przedstawić [13본I]

소고기 wołowina [5문II]
소리 dźwięk [3본II]
소설책 powieść [9연II]
소시지 kiełbasa [5본II]
손 ręka [4문II]
손님 gość, klient [5문I]
쇼팽 Chopin [3본I]
쇼핑 zakupy [6연III]
수도 stolica [10본II]
수업 zajęcia [6문II]
수영 pływanie [3연II]
수요일 środa [3본I]
수프 zupa [5문I]
숙제 zadanie domowe [4문II]
숙제를 내다 oddać pracę domową [11문I]
숟가락 łyżka [1문II]
술 alkohol [5연II]
쉬다 odpoczywać [2연I]
쉰 pięćdziesiąt [5문I]
쉽다 być łatwym [4문I]
스무 dwadzieścia [5문I]
스물 dwadzieścia [5문I]
스키 narty [9연III]
스트레스 stres [9본I]
스파게티 spaghetti [5본II]
슬프다 być smutnym [7문I]
시 godzina [7본I]
시간 czas [6연I]
시계 zegar, zegarek [5연III]
시끄럽다 być głośnym [13연III]
시내 centrum miasta [3본II]
시다 być kwaśnym [10연III]
시원하다 być chłodnym, rześkim [3본II]
시작하다 zaczynać [7문I]
시장 bazar, targ, rynek [2연II]
시청 ratusz [4문I]
시키다 zamawiać, kazać [5본I]
시험 egzamin [4문I]

식당 stołówka, restauracja [1본Ⅱ]

식사 posiłek [3연Ⅲ]

신문 gazeta [8문Ⅰ]

신발 buty [3연Ⅰ]

싫다 być nie do zniesienia, znienawidzonym, nielubianym [14문Ⅰ]

싫어하다 nie lubić [9연Ⅱ]

십 dziesięć [5본Ⅱ]

십만 sto tysięcy [5문Ⅱ]

싸다 być tanim [3연Ⅱ]

쓰기 pisanie [12본Ⅰ]

쓰다 pisać [2연Ⅰ]

(우산을) 쓰다 używać (parasol) [8연Ⅱ]

씨 pan/pani [1본Ⅰ]

◎

아 a (wykrzyknik) [2본Ⅰ]

아까 przed chwilą [13본Ⅰ]

아니다 nie być KIM, CZYM [1문Ⅰ]

아니요 nie [1문Ⅰ]

아래 pod [4문Ⅰ]

아르바이트 praca dorywcza [7본Ⅰ]

아름답다 być pięknym [3본Ⅰ]

아리랑 *Arirang* [10연Ⅱ]

아마 chyba [10연Ⅲ]

아버지 ojciec [4문Ⅰ]

아이 dziecko [15문Ⅱ]

아이스크림 lody [3본Ⅱ]

아저씨 pan (dorosły mężczyzna) [5본Ⅱ]

아주 bardzo [2본Ⅱ]

아직 jeszcze [13본Ⅰ]

아침 rano, poranek [4본Ⅱ]

아프다 boleć [6문Ⅰ]

아홉 dziewięć [5문Ⅰ]

아흔 dziewięćdziesiąt [5문Ⅰ]

안 w [4문Ⅰ]

안녕하세요? dzień dobry [1본Ⅰ]

안녕하십니까? dzień dobry [1본Ⅰ]

안녕히 계세요 do widzenia [14본Ⅱ]

앉다 siadać, usiąść [4문Ⅱ]

알겠습니다 rozumiem, zrozumiałem [11본Ⅱ]

알다 znać, wiedzieć [5문Ⅱ]

앞 przed [4본Ⅰ]

앞으로 w niedalekiej przyszłości [11본Ⅱ]

야구 baseball [12연Ⅰ]

야채 warzywa [10본Ⅱ]

약 lekarstwo [15본Ⅱ]

약국 apteka [15본Ⅱ]

약속 spotkanie [7본Ⅰ]

어둡다 być ciemnym, mrocznym [14문Ⅱ]

어디 gdzie [1본Ⅱ]

어때요? jakie jest? [4본Ⅱ]

어땠어요? jak było? [10본Ⅰ]

어떤 jaki [10본Ⅰ]

어떻게 오셨어요? w czym mogę pomóc? [15연Ⅲ]

어떻게 jak, w jaki sposób [7본Ⅱ]

어렵다 być trudnym [4문Ⅱ]

어머 och (wykrzyknik) [15본Ⅱ]

어머니 mama [8연Ⅰ]

어서 proszę, szybko [8본Ⅰ]

어서 들어와요 proszę wejść [8본Ⅰ]

어서 오세요 zapraszam(y), (proszę wejść) [5연Ⅲ]

어서 오십시오 zapraszam(y), (proszę wejść) [5본Ⅰ]

어제 wczoraj [3문Ⅱ]

어젯밤 wczorajsza noc (wieczór) [15본Ⅱ]

억 sto milionów [5문Ⅱ]

언니 starsza siostra [8연Ⅲ]

언제 kiedy [4본Ⅱ]

얼굴 twarz [10문Ⅰ]

얼마 ile [5본Ⅱ]

얼마나 ile [7문Ⅱ]

없다 nie znajdować się, nie mieć [4문Ⅰ]

여기 tu [1본Ⅱ]

여덟 osiem [5문Ⅰ]

여동생 młodsza siostra [8본Ⅰ]

여든 osiemdziesiąt [5문Ⅰ]

여러 parę, kilka [9본Ⅱ]

여러분 państwo (panie i panowie) [11본Ⅱ]

여름 lato [3연Ⅰ]

여보세요 halo, słucham [11연Ⅲ]

여섯 sześć [5문Ⅰ]

여자 kobieta [3본Ⅱ]

여행 podróż [6연Ⅰ]

여행하다 podróżować [10연Ⅱ]

역 stacja, dworzec [2문Ⅱ]

역사 historia [10연Ⅲ]

연락 kontakt [13본Ⅱ]

연습 ćwiczenie [13본Ⅱ]

연습실 sala ćwiczeniowa [6본Ⅱ]

연습하다 ćwiczyć [15연Ⅲ]

연주 gra na instrumentach muzycznych [9본Ⅱ]

연주하다 grać na instrumencie muzycznym
        [3본Ⅰ]

열 dziesięć [5문Ⅰ]

열 gorączka [14본Ⅱ]

열다 otwierać [5문Ⅰ]

열심히 pilnie, ciężko, z zapałem [9연Ⅲ]

열이 나다 mieć gorączkę (dostać gorączki)
        [14본Ⅱ]

영 zero [5문Ⅱ]

영어 język angielski [14연Ⅲ]

영화 film [2연Ⅰ]

영화관 kino [4문Ⅱ]

옆 obok [4본Ⅰ]

예쁘다 być ładnym [3연Ⅰ]

예순 sześćdziesiąt [5문Ⅰ]

옛 dawny [10본Ⅱ]

옛날 dawne czasy [10본Ⅱ]

오 pięć [5문Ⅱ]

오늘 dzisiaj [2본Ⅰ]

오다 przychodzić [2문Ⅰ]

오랜만 po długim czasie [15본Ⅰ]

오렌지 pomarańcza [3연Ⅰ]

오른쪽 prawa strona [4문Ⅰ]

오빠 starszy brat [8연Ⅲ]

오십 pięćdziesiąt [5문Ⅱ]

오전 przedpołudnie [10연Ⅱ]

오후 popołudnie [3본Ⅱ]

올 tegoroczny, ten [11문Ⅱ]

올림 z poważaniem (przy pisaniu listu) [14본Ⅱ]

옮기다 przenosić [8문Ⅰ]

옷 ubranie [2연Ⅰ]

와 wow (wykrzyknik) [8본Ⅰ]

와지엔키 공원 Park Łazienkowski [3본Ⅰ]

왜 dlaczego [11본Ⅱ]

외국 zagranica [4본Ⅱ]

외국어 język obcy [2연Ⅰ]

왼쪽 lewa strona [4문Ⅰ]

요가 joga [15문Ⅱ]

요리 potrawa, kuchnia (koreańska, polska, itp.)
        [4본Ⅱ]

요일 dzień tygodnia [3본Ⅰ]

요즘 ostatnio, obecnie [5본Ⅱ]

욕실 łazienka [4본Ⅱ]

우리 my, mój, nasz [2본Ⅰ]

우산 parasol [1연Ⅱ]

우유 mleko [1문Ⅱ]

우체국 poczta [1연Ⅱ]

운동 ćwiczenie fizyczne, sport [2연Ⅲ]

운동장 boisko [4문Ⅰ]

운동하다 ćwiczyć [10연Ⅱ]

운전 prowadzenie samochodu [9연Ⅰ]

운전하다 prowadzić samochód [14문Ⅱ]

울다 płakać [8문Ⅰ]

원 won [5문Ⅱ]

월 miesiąc [6본Ⅰ]

월요일 poniedziałek [3문Ⅰ]

위 na, nad [4문Ⅰ]

유명하다 być znanym [5본Ⅰ]

육 sześć [5문Ⅱ]

육십 sześćdziesiąt [5문Ⅱ]

은행 bank [1연Ⅲ]

은행원 pracownik banku [1연Ⅰ]

음식 jedzenie [2연Ⅰ]

음식점 restauracja [10연Ⅲ]

음악 muzyka [3본I]

의사 lekarz [1연I]

의자 krzesło [1연II]

이 dwa [5문II]

이 ten [2문I]

이 ząb, zęby [8연II]

이거 ta rzecz [5본II]

이것 to [1본II]

이곳 to miejsce [14본II]

이다 być KIM, CZYM [1본I]

이때 w tym czasie, wtedy [15본II]

이름 imię [2본I]

이메일 email [11연I]

이번 ten, nadchodzący [3본II]

이분 ta osoba [8본I]

이십 dwadzieścia [5문II]

이야기 rozmowa [4본II]

이야기하다 rozmawiać [4문II]

이제 teraz [14본II]

이쪽 ta strona [5본I]

익숙하다 być przyzwyczajonym, obeznanym [14본II]

익숙해지다 przyzwyczaić się [14본II]

인터넷 internet [11연II]

일 jeden [5본II]

일 dzień [6본I]

일 praca [8연III]

일곱 siedem [5문I]

일본어 język japoński [6문I]

일어나다 wstać, wstawać [6연III]

일요일 niedziela [3문I]

일주일 tydzień [8본II]

일찍 wcześnie [6연III]

일하다 pracować [8연III]

일흔 siedemdziesiąt [5문I]

읽기 czytanie [12본I]

읽다 czytać [2연I]

입다 ubierać się [2문I]

입장권 bilet wejściowy [5문I]

있다 znajdować się, być, mieć [4본I]

ㅈ

자다 spać [2문I]

자동차 samochód [15문I]

자두 śliwka (renkloda) [3문I]

자전거 rower [15연I]

자주 często [2본II]

작곡가 kompozytor [9본II]

작년 zeszły rok [4본II]

작다 być małym [2문I]

잔 szklanka, filiżanka [5본I]

잘 dobrze [14본I]

잘하다 dobrze CO robić [14문I]

잠깐만요 chwileczkę [15본II]

잡다 złapać [4문I]

장 arkusz (jednostka) [5문I]

장갑 rękawiczki [14본I]

장미 róża [3문I]

재미없다 nie być interesującym [10연I]

재미있다 być interesującym [3연I]

재즈 jazz [9본I]

저 ja [1본I]

저 tamten [2문I]

저것 tamto [1본II]

저기 tam dalej [1본II]

저녁 wieczór [5본II]

저분 tamta osoba [8문I]

저쪽 tamta strona [5본I]

저희 my, nasz, nasza, nasze [4문I]

전 przed [7문I]

전공 kierunek studiów, specjalizacja [2본II]

전공하다 specjalizować się w CZYM, studiować CO [6본II]

전자우편 poczta elektroniczna [15문I]

전쟁 wojna [12연I]

전통적인 tradycyjny [15문I]

전화 telefon [8본II]

전화기 telefon (aparat) [4연I]

전화하다 dzwonić, telefonować [6문I]

점 ocena, stopień [12본I]

점수 stopień, ocena [12본I]

점심 obiad [2연Ⅲ]

접시 talerz [1문Ⅱ]

정말 naprawdę [6연Ⅲ]

정원 ogród [4본I]

정치인 polityk [10문Ⅱ]

제 mój, moja, moje, moi [2문Ⅱ]

조금 trochę [4문Ⅱ]

조심하다 uważać [14본Ⅱ]

조용하다 być cichym [10연Ⅲ]

조용히 cicho [13문I]

졸업하다 ukończyć szkołę [6본I]

좀 trochę [4문I]

좁다 być wąskim [4문I]

종업원 kelner, kelnerka [5본I]

종일 cały dzień [9연Ⅲ]

좋다 być dobrym [2연I]

좋아하다 lubić [2연I]

죄송하다 przepraszać [11본Ⅱ]

주 tydzień [6연I]

주다 dawać, dać [4문I]

주렉 żurek [1본Ⅱ]

주말 weekend [3본Ⅱ]

주소 adres [15문I]

주스 sok [2연I]

주일 tydzień [11연I]

주차장 parking [4본I]

준비 przygotowanie [6문I]

준비하다 przygotowywać (CO lub się) [12본I]

중간시험 egzamin połówkowy [12본I]

중국 Chiny [1연I]

즈워티 złoty [5본Ⅱ]

즐겁다 być wesołym [11본I]

지각 spóźnienie [11본Ⅱ]

지각하다 spóźniać się [11본Ⅱ]

지금 teraz [3본Ⅱ]

지나다 minąć, mijać [12문I]

지난 ostatni, przeszły [4연Ⅱ]

지난달 zeszły miesiąc [14연Ⅲ]

지내다 spędzać czas [14본I]

(해가) 지다 zachodzić (słońce) [14문Ⅱ]

지하철 metro [12문I]

짐 bagaż [12문I]

집 dom [2연I]

집값 cena domu [14연Ⅱ]

짜다 być słonym [10연Ⅲ]

짧다 być krótkim [10연I]

쪽 strona [12본I]

쪽 prosto [5문I]

쯤 około [7본I]

찌개 koreańska zupa [10문I]

ㅊ

차 herbata [3문I]

차 samochód [10연Ⅲ]

차다 być zimnym [10연Ⅲ]

착하다 być miłym, dobrym [3연Ⅱ]

참 naprawdę [3본I]

창문 okno [5문I]

찾다 szukać, znaleźć [13본Ⅱ]

책 książka [1연Ⅱ]

책값 cena książki [11문I]

책상 biurko [1연Ⅱ]

처음 뵙겠습니다 dosł. widzę pana, panią po raz
pierwszy [15문I]

처음 po raz pierwszy [4문Ⅱ]

천 tysiąc [5문Ⅱ]

천만 dziesięć milionów [5문Ⅱ]

천천히 powoli [9문I]

첨탑 wieża [10본Ⅱ]

청소 sprzątanie [5연I]

체육관 hala sportowa, sala gimnastyczna
[2연Ⅱ]

초등학생 uczeń szkoły podstawowej [15연Ⅱ]

추다 tańczyć [4본Ⅱ]

축구 piłka nożna [4문I]
출근하다 wychodzić do pracy [8문I]
출발하다 wyruszać [7문I]
춤 taniec [4본II]
춤을 추다 tańczyć [4본II]
춤추다 tańczyć [9문I]
춥다 być zimnym [3문II]
취직하다 zatrudnić się [6본I]
치다 grać na instrumencie [6본II]
치마 spódnica [5연III]
치즈 ser [10본I]
친구 przyjaciel, kolega [2본I]
친절하다 być serdecznym, uprzejmym [3연II]
칠 siedem [5본II]
칠십 siedemdziesiąt [5문II]
칠판 tablica [4연III]
침대 łóżko [4연III]
칭찬 pochwała [12본I]
칭찬하다 pochwalić [13본II]

ㅋ

카드 karta (z życzeniami) [11연II]
카페테리아 kafeteria [2본II]
커피 kawa [2연I]
커피숍 kawiarnia [2연II]
컴퓨터 komputer [2연II]
컵 kubek, szklanka [1문II]
(바이올린을) 켜다 grać (na skrzypcach) [9연III]
(휴대전화를) 켜다 włączyć (komórkę) [5문II]
코미디 komedia [11문I]
콜라 Coca-Cola [5본I]
콩나물 kiełki soi [15본II]
콩나물국 zupa z kiełków soi [15본II]
크다 być dużym [2문I]
크라쿠프 Kraków [7연III]
클라리넷 klarnet [15문I]
클래식 klasyczny [9본I]
클럽 klub [9본II]

키 wzrost [8문I]
키가 크다 być wysokim [10연III]
킬로그램 kilogram [5본II]

ㅌ

타다 wsiadać, jechać [7본II]
탁구 tenis stołowy [9연III]
태권도 *taekwondo* [9연III]
태어나다 urodzić się [9본II]
택시 taksówka [7연III]
테니스 tenis [9연II]
텔레비전 telewizor [2연I]
토요일 sobota [3문I]
트램 tramwaj [7연III]
특별하다 być szczególnym [15본II]
특히 szczególnie [9본I]
팀 grupa [4문I]

ㅍ

파리 Paryż [9본II]
파티 impreza [4본II]
판사 sędzia [10문II]
팔 osiem [5문II]
팔다 sprzedawać [5본II]
팔십 osiemdziesiąt [5문II]
편리하다 być wygodnym w użyciu [10연III]
편지 list [5연I]
편하다 być wygodnym [10연III]
포도 winogrona [5연II]
포즈난 Poznań [4문I]
폴란드 Polska [1본I]
폴란드어 język polski [2본I]
(문제를) 풀다 rozwiązywać (problem, ćwiczenia, kwestię itp.) [12본I]
프랑스 Francja [1연I]
프랑스어 język francuski [3연II]
프린터 drukarka [6연II]
피곤하다 być zmęczonym [4본II]

피로 zmęczenie [15문Ⅱ]

피부 skóra [15연Ⅱ]

피아노 pianino, fortepian [6본Ⅱ]

피아니스트 pianista [3본Ⅰ]

피에로기 pierogi [1본Ⅱ]

피우다 palić [8연Ⅱ]

피자 pizza [5본Ⅱ]

필요하다 potrzebować [5문Ⅰ]

ㅎ

하고 z, i [4문Ⅱ]

하나 jeden [5문Ⅰ]

하다 robić [2본Ⅱ]

하루 jeden dzień [8문Ⅱ]

학교 szkoła [1문Ⅰ]

학생 uczeń, uczennica [1본Ⅰ]

한 jeden [5본Ⅰ]

한국 Korea [1문Ⅰ]

한국말 język koreańska (mowa) [10문Ⅰ]

한국어 język koreański [2본Ⅰ]

한글 *Hangeul*, alfabet koreański [9문Ⅰ]

한번 jeden raz [14본Ⅱ]

한복 *hanbok* (koreański tradycyjny strój) [12문Ⅱ]

한옥 *hanok* (tradycyjny dom koreański) [15문Ⅰ]

한자 znaki chińskie [9연Ⅲ]

할머니 babcia [8문Ⅰ]

할아버지 dziadek [8본Ⅰ]

함께 razem [4문Ⅱ]

해 słońce [14문Ⅱ]

해바라기 słonecznik [15문Ⅰ]

햄버거 hamburger [1문Ⅱ]

행복하다 być szczęśliwym [3본Ⅱ]

헤비메탈 heavy metal [9본Ⅰ]

형 starszy brat [8문Ⅰ]

호 numer sali, klasy, pokoju [12본Ⅰ]

호랑이 tygrys [12연Ⅰ]

호박 bursztyn [10본Ⅱ]

홍차 herbata czarna [3본Ⅱ]

화려하다 być wspaniałym, okazałym [10연Ⅲ]

화요일 wtorek [3문Ⅰ]

환전 wymiana waluty [14문Ⅱ]

활동 działanie, działalność [9본Ⅱ]

회복 wyzdrowienie [15문Ⅱ]

회사 firma [6본Ⅰ]

회사원 pracownik firmy [1연Ⅰ]

회화 rozmowa, konwersacja [13본Ⅱ]

후 po [11문Ⅰ]

휴대전화 telefon komórkowy [5문Ⅱ]

흐리다 być pochmurnym [13문Ⅰ]

힘들다 być ciężkim, żmudnym [14본Ⅱ]